切蛋糕

创业公司动态股权分配全案

〔美〕迈克·莫耶◎著

王 闻 李筱莹 常逸昆◎译

民主与建设出版社 博集天卷 CS-BOOKY

目录 Contents

序 Preface

建立规则

我想和你一起创办企业，我期待和你一起发现并利用被迟缓的竞争者忽视或者被骄傲的竞争者轻视的市场良机。我迫不及待地想发明一项产品或者服务，抢走他们的市场份额，一举把他们的客户全部诱惑走。

我希望能从其他正规或者初创的企业挖走最优秀的员工。我确信，前任东家们会悲伤落泪，但他们会恢复过来的。

我确信我们非常规的市场营销和广告风格会有所争议，但那正是我们的用意。我想让我们的视频获得病毒式传播，在营销上打败财大气粗、江山稳固的大企业。

见证自己的成功和对市场的影响将会非常有趣。不能跟上节奏的竞争对手会自行消亡。这并没有什么不妥。这不是私人恩怨——这只是生意。

不过，在我们开始之前，我还是想说明以下几点：

若论竞争，那是没什么清规戒律，亦无情面可讲的。但是，在自己的公司和团队内部，我们需要公平且真诚地对待每一个人。

生意场上，难免受伤。伤到竞争对手没什么，伤到自己人就不太好了。

大多数讲创业企业的书都是关于如何打破规则的，这本书则是关于如何建立规则的。它概述了创业企业在股权分配问题上的行为准则。

时机成熟之际，企业的股权最终会奖励我们每个人的贡献。所以，公平地分配股权至关重要。我们需要一些规则，原因很简单：

没有公平，就没有乐趣可言。

虽然经营创业公司会遇到很多困难，需要顶住重重压力和超长时间辛苦工作的负荷，还要承受得起偶尔的失败，但只要参与的每个人都得到了公平、公正的待遇，再苦再累也其乐无穷。

如果每个人都感到自己的实际所得和应得相匹配，那么大家便能和睦相处，心往一处想，劲往一处使，全力发展公司。

背后捅刀子，贪婪无节操，暗中耍手腕，都会让经营创业公司的乐趣消失殆尽，乐趣消失的速度比删除维基上恶意攻击公司文章的速度都快。

让一个老企业家回忆昔日的美好时光，他会给你讲以前顶着压力通宵熬夜的故事，那些胜利与失败同在的故事。每个故事都是那样激动人心，鼓舞人心。这样的故事各有各的不同。

让一个老企业家回忆以前的艰难日子，他会告诉你他如何被一个合伙人或是投资者或是同事给坑了。这样的故事总是那么千篇一律。

不管今后的日子里会发生什么，我都希望那是美好的日子。

所以，在谈钱、谈感情之前，我们先来谈谈公平待人的基本法则，并就此达成一致。我想公正地对待你，我也想得到公正的待遇。这是我唯一的任务。

让我们开始吧……

第一章 公平地对待相信你的人

我的大部分职业生涯都在创业中度过。无论结果如何，我内心的那股冲劲一直驱使着我闯入崭新的或已然存在但需要改变旧模式的商业领域。当然，我很想赚够钱，在长岛买下一幢宛如上帝行宫般的避暑别墅，但我内心深处明白，即便没有那么多钱，成功也自有另一层意义。

所有创业公司都会告别初期阶段，走上各自的道路。大多数倒闭；有的能发展成真正的公司或者被其他公司收购，因此，也告别了其“初创性质”。

如果创业团队能够不计较得失，不论成败，甘愿回到起点，并肩作战，那么我觉得，这就是你们拥有的成功。

成功意味着你要公平、公道地对待相信你的人。最好你们能在挺过创业初期阶段后把盏言欢，放声大笑，好像铆足了劲能从鼻子里喷出百元大钞似的。不过，即便没有财大气粗到喷得出百元大钞，大家也能站起来，互相拍拍灰尘，东山再起——这一次就更为老到与睿智了。

《切蛋糕》这本简短的书讲的就是怎样公平、公道地对待相信你的人。

缺　口

从萌生改变世界的想法，到与红杉资本或安德森·霍洛维茨基金举行投资者见面会，你需要跨越一个缺口阶段。你拿出手的东西得是足够撑起一家企业的实在之物，才能让和善、好心的风险资本家认为你已胸有成竹，势在必行，给你开出一张大额支票。我之所以称其为“缺口”，是因为从构想到做出创立公司的实际行动之间，你有一个缺口需要填补。要么拿到支票，要么迷失其中，任那美好的构想枯萎飘逝。大多数缺乏经验的创业公司都经历了第二种命运。

仅靠一个大概想法就能一拍即合、成就生意的时代已经过去了。（事实上，这样的时代可能从来没有存在过。）没有哪个投资者愿意投钱到除了一个粗略的想法，啥都没有的公司。

当今时代，若想为自己的想法募集资金，你得有值得投资的东西。也就是说，你得有一个经营团队、一份商业计划书，有能力的，最好能拿出产品原型。如果还能有一些已经在为你的产品付费的测试客户，那就更出彩了。这样，你就有了大谈特谈的资本。

将这些东西组合到一起，需要时间和各种资源。大多数情况下，获得时间和资源需要付出资金成本。你大概也明白吧，钱不是那么容易得到的。你要跨越的，有时只是浅浅一湾，有时却是一道鸿沟。你的想法要么成就一家企业，要么归于沉寂，不外乎这两种结局。

你很幸运，紧要关头，有一个强大工具可助你一臂之力，可谓金钱的绝佳替代品。这个工具叫作股权，它能帮你填补缺口，白手起家创立企业。

创业公司的股权实质上没有价值。它没有真正的交易市场，也不能用来支付你的衣食住行费用。大多数情况下，即便有出售和购买意愿，个人之间也不能买卖股权。关于谁可以投资，谁不可以投资，政府制定了各种各样的规则［稍后会详述《创业企业融资法案》（JOBS）的相关问题］。

尽管股权有这样那样的明显不足，你仍然可以用它来获取你需要的东西。你可以选择用股权来建立一家企业，这是多么强大且激动人心的方案。多么美妙的事。

创业公司的股权可以用来支付员工薪资、雇用顾问、购买所需物资，甚至支付房租。然而，因为它没有实际价值，所以你必须做两件事：第一，说服人们相信它以后会有很大的价值；第二，提供一个合理的股权分配计算方法。

当你用股权作为报酬时，你需要确保自己做到公平、公正。这就像在走钢丝，出了差错，便会迅速终结你的公司和相关人士与你之间的关系。你的职业信誉也可能受到不可修复的损害，最终造成你金钱上的损失。而股权分配得好，世界便由你掌控。

有趣的是，关于如何利用股权创立一家企业鲜有著述。即便是最懂行的企业家，也在这上面栽过跟头。关于这个问题，一千个人有一千种答案。

关于创办公司、谋求发展、筹集资金、市场营销等，成就你伟大事业的所有方面的伟大著作浩如繁星。可是，关于如何利用股权让你的创业公司起步，据我所知，只有一本著述，就是你正在读的这一本。

尴尬的话题

这种事我之前见过，将来也会继续见到。几个人有了开办一家新公司的好想法，大家都来劲了，开始推敲斟酌细节。他们造出一个产品原型，与一些潜在客户交流。想法逐渐成熟定型，于是，他们拼凑出一份商业计划书，争取到举行小型投资者见面会的机会。然后，他们蠢蠢欲动地考虑辞掉工作，计划着怎样花掉即将流入的大笔大笔进账。

大伙都热情高涨，一切都如火如荼地进展着。然后，股权这个话题突兀地冒了出来。其实，这个话题一直盘旋在他们的脑海中，但他们一直推迟讨论，因为开不了口，不知该怎么做。这场谈话看起来就像这样：

“我们得想想公司该怎么分，你们懂的，股份之类的东西。”创业合伙人一号说道。

“嗯嗯。”合伙人二号随声附和。

“是这样的，我大伯是个律师，我准备请他帮我们设立公司。他不收钱，但申请费我们得自己交。”一号说道。

“嗯，好啊。”二号说道，“你想怎么做？我的意思是，我们怎么分？”

“我也不太确定，要不我们谈谈吧。”一号回答。

“没错，好主意。也许我们可以三七分。”二号建议。

“好，这样挺公平的，主意是我想出来的，70%的股份在我看来是合适的。”一号表示同意。

“呃，我想的是我七你三，因为我是开发人员，现在的工作都是我一人在承担。”二号说道。

“啊，不是这样吧，你现在是做了很多事，可是产品出来后就是我的事了，而且这主意也是我想出来的。”一号略带沮丧地说道。

“没错，可是这个项目涉及大量的后期维护工作，而且开发项目用的是我的托管账户，所以我觉得我应该多分点才公平。”二号说道。

“老兄！这不公平，要不是我，你连做这个项目的机会都没有。我应该比你多得些。”一号拉下了脸。

“老兄！没有我，你能做这事吗？你会编程吗？你的想法能如你预想的那样付诸实施，我做了多少完善工作！”二号喊道。

“根本不是这样！这个绝妙的想法是我想出来的，你只不过考虑了一点点。我立马就能找另一位开发人员来做，你的技能不是不能替代的！”一号嚷道。

矛盾一触即发，争论随之而来，关系开始恶化。这场谈话即便不像上述例子那样糟糕，也不会好到哪儿去。其他事都好说，唯独这场谈话似乎总会带来尴尬与不适。你清晰地感觉到，与相信自己的人携手开始创办企业时的那种美妙感觉被破坏了，如同“创业高潮”突然中断。你与你的想法合而为一，但这场谈话似乎造成了怪异的紧张关系。如果你能处理好这件事，那么也许三年后，你还能扮演一回“黑衣骑士”，对谷歌进行恶意收购呢。

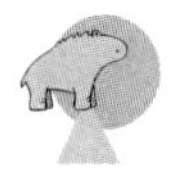

满腹牢骚的百万富翁

不久前，我和一个刚刚成为百万富翁的人吃了顿午饭。他曾经就职的公司以数亿美元售出，他这个早期员工获得了超乎想象的财富。

这个人尽管在经济上获益，但仍然对这项交易表示不满。他说，得了一笔不菲的收益虽然高兴，可要不是被公司老板“忽悠了”，他本可以分得更多。他只赚了几百万美元，可老板赚了不止一亿美元。

他的怨愤可以追溯到公司成立之初进行早期股权分配的时候。他觉得自己分得的股权与自己的贡献并不匹配。

这个四年前还只能指望社会保障和微薄退休金支撑退休生活的人，在成了百万富翁，可以潇洒退休后，心里想的却是帮助他取得今天地位的人对他是如何不公。我确信他会走出来，向前看。可本该是快乐的时光，却蒙上了怨愤的阴影，实在是遗憾。

这样的情节一次又一次地上演。一家新公司做大做强后，很多人感到不被重视，人际关系由此紧张起来。收益大都属于拥有公司最多股权份额的人。当然，不是每位员工都应得股权；不过，公司最早期的参与者往往认为自己有资格分得股权，如果他们能够实实在在地感受到自己的贡献，就更是如此了。有些电影讲的就是这类事。

像这位百万富翁一样，如果参与者感到自己受到了不公正对待，一起合作的伙伴便会分道扬镳。这真是让人遗憾，因为这些人本该团结在一起，再次合作。毕竟他们已经做成了一项事业，为什么不再创一项呢？

人们一向期望自己能受到公正对待。他们不仅期望自己的贡献被人重视，也期望报酬分配有一致的标准，每个人得到的与付出的成正比。对工作关系来说，没有什么比实行不公平或者不一致的报酬分配标准更具杀伤力了。

就我的经验来看，这不全是钱不钱的问题。人们通常认为钱是关系破裂的原因，这真是令人沮丧。很难驳倒这种观点，但我清楚，钱只是一部分原因。人们渴望自己的贡献有价值，且受到尊重。他们需要实证，需要实实在在地感受到自己是团队里一个有价值的贡献者。

一次争吵

每当我听说两个合作伙伴发生了“争吵”，我都习惯性地思考，到底是“谁坑了谁”？

争吵的发生通常意味着合作关系中的至少一方认为自己受到了不公正对待。而且，他们说散伙就散伙，而不是去达成一个公平的协议。两方都愤愤不平地想证明对方是错的。即便是在被人形容为“友好”的情形中，愤懑与怨气也在暗中涌动。

很多时候，人们都不是故意要占创业伙伴的便宜；这是蒙昧无知的副产品，而非妄自尊大的产物。

企业家，尤其是整个职业生涯都在当企业家的人，大都过得精彩刺激而有意义。企业家致力于改善人们的生活——不仅是其客户的生活，也是其员工的生活，更是其投资者的生活。我认为企业家是一个高尚的职业。

尤因·马里恩·考夫曼基金会前任董事长兼首席执行官卡尔·J. 施拉姆说：“企业家给他人带来安全感，他们是产生社会福利的动力。”国家需要企业家，世界需要企业家。没有企业家，世界将是一潭死水。

虽然企业家生活精彩，责任重大，但大多数人永远成不了企业家。对他们来说，这样的生活太过冒险。大多数人顶不住成败难料的心理压力，害怕失败。每个企业家失败的次数，比他成功的次数多得多。

有益的教训与有害的教训

失败是企业家学习和成长的途径。在创业早期，有些教训帮助你成长为一个更好的企业家，有些教训逼得你成了一个差劲的企业家。有益的教训来自你和你的团队经营企业的经历。

有益的教训提高了一个企业家在未来创业成功的概率。如果你创造出了一个无人知晓、无人问津的产品，你就会明白今后要学会倾听客户的意见。如果你的营销方案没有效果，你今后就会学着更好地沟通。如果你的员工离你而去，你就会学着做一个更好的管理者。如果你的资金链断了，你就会学着更合理地管理现金流。

如果一个竞争者不知从哪儿杀了出来，把你打得落花流水，你就会明白市场险恶，以后要多加小心，要建立起一个能够在激烈竞争中屹立不倒的品牌。

实际上，在创立企业的必经之路上遭遇的失败，最终会让企业家变得更强。今后，他会学着更好地预测市场，回应市场。在创业企业的世界，这类失败是成功之母，是有益的教训。

而有害的教训会降低企业家成功的概率，它们通常来自被合伙人坑了的经历。

成为一个企业家，需要巨大的责任感和信心，需要改变人们生活态度的大胆举措和高瞻远瞩的想法。当企业家变得不那么自信，不那么信赖他人时，他们的战斗力就下降了。当他们被伙伴们坑了，他们确实会吸取教训，但那是有害的教训。他们学会了花越来越多的时间来维护自己的利益，撰写合同和协议。他们学会了举棋不定，躲避风险。他们变得越来越不像企业家，越来越像普通人。

对企业家来说，被自己信赖的人占了便宜是件削弱斗志、打击信心的事。他们会觉得自己是蠢蛋，变得愤世嫉俗。更糟糕的是，家人也会对他们失去信心，不再那么支持他们。

正如失败是不可避免的，被占便宜也是不可避免的。但是，这不会成为影响你状态的因素。我相信，总有积极向上、卓有成效的方法能够减轻长期伤害。

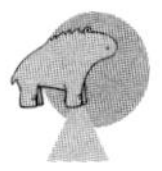股权——根本原因

不公平的股权分配是人们可以明显感受到的不公待遇，也是破坏关系的根本原因。有时候，创始人故意占合作伙伴的便宜。不过，在绝大多数情况下，这个问题是偶发的。创始人犯了错误，看起来就好像他们欺骗了合伙人，即便他们并非有意为之。比如满腹牢骚的百万富翁这个例子，创始人的本意是要公平待人，可因为早期的一些错误决策，给人的心理感受恰恰相反。

合作伙伴和股权

两个或者两个以上的人形成合作关系，是为了共担一项新事业的风险。如果我雇你来打扫屋子，我们便不是合作关系。我是你的雇主，你是我的雇员。如果我邀请你做我的合作伙伴，这便意味着我们将以某种方式一起工作，创造价值，并在未来共享收益。比如说，我可以跟你合作打扫其他人的屋子，然后我们以某种比例分钱。

问题是我们要在打扫工作完成后才能拿到钱，工作没干完，我们就是白干。所以，打扫的过程就好比在一项资产（打扫房屋）里积累股权，而这项资产在房主付报酬的时候转化为现金。房主的房子干净了，我们的钱也到位了。现在的问题是：我们每个人拿多少？

“我们每个人拿多少？”是所有与做生意有关的问题里最危险的一个问题。相比我发现的其他任何问题，它会引起更多的麻烦。在每个人的贡献都对结果产生实质影响的情况下，这个问题尤其危险。

我的意思是：在上述例子中，打扫房屋的伙伴需要算出各自分得多少钱。这个分配会对其关系的发展起到最为重要的作用。做好这件事真的不容易。

比方说，我们决定坚持“最简法则”，“五五”分成。我来打扫的时候带了一桶清洁用品，花掉我15美元；而你是两手空空来的。我花了3个小时辛辛苦苦地打扫厨房和厕所，你只扫了扫大厅。这个工作有50美元的报酬。我得25美元，除去清洁用品的开销，我的净收入为10美元。你也得了25美元，可你几乎没怎么出力。嗯……这看起来不公平啊。（顺便说一句，五五分成是极为常见也极易出问题的。）

再比方说，我们决定拿到报酬后再谈分钱的事。我认为我买清洁用品该得10美元，花在买清洁用品上的时间该得5美元，让我们获得这个兼职工作机会再得5美元，还有10美元的时薪。所以，工作了3个小时，这50美元都该是我的。你觉得补偿我买清洁用品的花销是公平合理的，但你认为1美元就够了，因为清洁用品还剩余好多呢。而且，你想要20美元的时薪，因为你的清洁工作经验比我丰富。一直讨论到天黑，双方还是不能心平气和地拿出一个彼此都能接受的分钱方案。

那么，将会发生什么呢？无论如何，关系都会恶化，我们要么解决分歧，要么分道扬镳。

有时候，你们运气不错，双方都带了清洁用品，并且平摊了工作量。这样，每人各拿25美元就皆大欢喜了。只要保证大家分得公平的份额，生活就是充满阳光的。但是，要是你生病了呢？要是我厌倦了打扫屋子呢？要是我甩手不干了呢？要是你姐姐想加入我们的清洁队伍呢？要是……，要是……，要是……？

合作关系是脆弱的。很多人失败，原因就在于回答不了每个人得多少的问题。

股权分配

股权即对一项资产的所有权。一项资产可以产生现金，或者在未来的某一时间通过出售转化为现金（人们对烧钱的负债股权都避之不及）。所以，你拥有某项资产的股权，就意味着你有权享受它未来产生的现金效益。够简单吧?

股权的难题在于很难对它估价，因为我们绝大多数人都不能预测未来。当然，有些人比较有远见，但我们对未来的认识终归是基于假设的。做生意靠的就是一系列复杂的假设，有些假设是基于历史趋势的。创业企业靠的几乎都是胡乱猜测。

如果我有一个柠檬水小摊，那它值多少钱呢？货摊及原料供应的成本为100美元，但这并不表示我能以100美元的价格出售它。如果天气炎热，我或许能卖出100美元的柠檬水，但这并不表示没有雨天。

所以，我需要做些假设。假设我能以eBay上出售的同类品的价格卖出我的设备和原料——货摊50美元，原料20美元。接下来，我查了天气预报，下雨的概率是20%。所以，考虑到这个概率，我推测我能赚80美元。原料会用光，不能用于出售。那么，这个货摊的价值就是50美元+80美元或130美元。这是未来24小时内货摊的价值。你是知道的，影响货摊价值的因素太多太多了。如果我想让你做我的合作伙伴，那我们就得分析所有可能的情形，并就我们喜欢的一种情形达成共识。可一切皆无保障。或许我不能在eBay上出售商品，或许会是雨天，或许我会被抢劫——谁知道呢？

假如货摊不是我的，而是你的，那我只要能得到报酬就行了，货摊价值多少与我无关。但是，有时你想根据业务量给我发工资，而业务量则是由我的销售技巧和你的设备共同决定的。你可以付给我佣金，不过，你更愿意用这笔钱再投资。

有一种方法，无须付我现金，就能让我为你工作，那就是分给我股权，即让我有权享受通过卖柠檬水或卖设备产生的一部分未来现金收益。

接受股权而非现金，我就承担了可能一无所获的风险。所以，我只会接受自认为比现在的报酬（现时现金）更值钱的股权（未来现金）。即便是对一个简易的柠檬水小摊来说，做这样的计算也是复杂的。

本书概述了一种更简单、更精确且更公平的解决方案，它无须一系列复杂的假设或能够预测未来的水晶球。这不用成为一场猜谜游戏。

我希望你如何使用本书

尴尬的谈话如果处理不当，产生的裂痕可能是你刚刚发展起来的公司永远弥补不了的。本书旨在缓和某些话题引起的尴尬与不适，帮助你和你的合作伙伴以及早期员工建立共识，并在公司创立之初做出正确的决定。

我希望，当你引入一位新员工、新伙伴或新卖家的时候，你会把这本书递给他，然后说："看吧，我们在获得第一轮融资前就这样来分配股权。"就这样轻轻松松地解决这个难开口的问题。

把本书视作你以股权作为报酬支付公司员工的行动指南，会让你节约很多时间，少操很多心。它会回报你和你的团队的辛勤工作；而且，从长远来看，它会保证人人得其应得。就是这样，简简单单。

老兄，我多希望过去这20年，在我陆陆续续加入或创办10多家公司的时候，有人能递给我这本书。这样，我就少了很多烦恼。

我之所以写这本书，是因为当某人加入我的某项事业时，我希望有本书拿出来阐述我的理念。我需要这本书解决我自己事业上的难题。实际上，正如我提到的，我目前就有两项事业面临着本书旨在解决的问题。我认为自己可以解决它们，或许能写一本小书与各位分享。

第二章 切蛋糕

分配股权，即所谓“切蛋糕”，复杂微妙且考验技术。正如前面提到的，它不仅可能对重要的合作关系造成不可修复的损害，也可能将一次创业良机扼杀于萌芽。要了解怎样切蛋糕，先得对蛋糕本身有所知晓。股权蛋糕不像大小固定的苹果派，它会一直成长，不断变大。

蛋糕生而平等

所有的蛋糕最初都只是一个想法，分文不值。某些人在书桌前、在地铁上、在床上、在车里、在洗澡时、在飞机上、在厅堂里、在吃饭时或者在其他任何地方任思绪漫游，浮想联翩。他想到了一个难题和一个巧妙的解决方法。

那方法如此妙不可言，实际上，他开始觉得这会成就一番大事业。他越想越确定，这个绝妙的主意一定有钱可赚。他很兴奋，没多久便坚信，再过短短几年，自己就能提早退休了。

如果这本书的内容你都没记住，至少记住一点：所有蛋糕，即股权，最初都分文不值。蛋糕本质上就是想法，想法在最初的时候几乎没有价值可言。

想成为企业家的人非常确信他的想法会发展成“下一个大事件”，因而常常将想法藏于心中，不与人分享，害怕他的主意被别人偷了去。这样的情况，我见过太多。有些人先是向别人暗示自己有一个绝妙的主意，当你刨根细问时，他又闪烁其词，神神秘秘。

我就认识这样一个人，守着一个新型画笔的秘密好多年。最终，他架不住我的追问攻势，告诉了我他的想法。“很不错嘛。”我说。我告诉他我认识一些人，能帮助他进一步发展他的想法，他同意我出面去谈。第二周，我带着一个画笔的产品原型回来了，和他设想的一模一样。

现在，他需要做的就是投产、购买原材料、制定生产流程、创造品牌、设计营销方案、建立销售团队、筹集资金等事情，以使他的想法变得有价值。我猜想他不愿意做这些事，因为他的想法仍然只是个被锁在某个壁橱里的原型。多唠叨一句，我并不想批评谁。他与大多数人一样，比起白手起家创立一家画笔公司，他有更好、更重要的事情可以做。

偶尔会有公司愿意为想法付费，但通常是以某种特许权使用费预付款的形式支付。想法若能成功实施，就需支付特许权使用费，以表示对想法的认可。我在后面的章节会讲到如何运用特许权使用费，你只需记住，公司绝少会仅仅为一个写在纸巾背面的潦草概念付费。想法除了一副骨架，还得有血有肉，体现为市场分析、产品原型、商业计划书或专利权。当具备这些因素时，人们买的不是想法，而是其代表的商机。

想法比比皆是，多到不值钱。只有在被烤成蛋糕后，想法才有身价。接下来，如果你发现有人愿意为你的想法付费，而你将其产品化的成本低于人们愿意支付的价格，那么，那时（只有那时）你才创造了价值。

有一个人发明了防止比萨饼盒压扁比萨饼的塑料小部件，凭此赚了数百万美元，这样的故事当然是有的。

你或许也听说过某位女士发明了那“叫什么来着的东西”，到夏威夷享受退休生活去了。这些故事要么是都市传闻，要么极其罕见。不管是哪种情况，它发生在你的想法上的概率都微乎其微。

如何给蛋糕估价

估算一家公司（蛋糕）价值多少，其艺术性远远高于技术性。对于已经成熟运转的公司，投资者可以运用各种各样的工具来估值。最流行的价值指标与现金流量、收益及利润有关。

人们买蛋糕，是因为蛋糕是一项资产，或者买家认为它会成为一项资产。资产会产生收入。

蛋糕的价值主要取决于它能够带来的收入额。因为未来是不确定的，未来收入多少涉及太多投机与推测，所以蛋糕的价值在不同的人眼中可能有天壤之别。

如果你的公司不产生收入，你或许可以根据公司的基本资产，如建筑物、机器、库存等，估算出一个转售价值。若公司当前没有收入，或者公司所有者认为收入比转售价值少，这便是个有用的法子。

我所知道的大部分早期阶段的企业，都专注于现金流而非资产。尤其是那些通常没有实际资产的科技公司，更是如此。

股份变现

你的公司在某一特定时间的价值取决于其当时能卖出的价钱。假设我的柠檬水小摊每年的固定收益是1000美元，我也许会决定现在就套点钱出来，而不是等一年后拿到这1000美元。

所以，我找到一些想靠卖柠檬水为生的人来接我的摊子，他们每年可赚1000美元。如果他们觉得可以比我卖得好，那他们就能赚得更多。我告诉他们这个摊子价值5000美元，理由是我认为未来五年内市场不但不会有大的波动，反而会对柠檬水有更大的需求量（全球变暖可能会让人们更渴），因此利润不会缩水。他们认为市场会有变动（街边又开了一家果汁连锁店），所以还价3000美元。我说好。他们便以3000美元的价格买下了我的股权。我拿钱走人。

在这个例子中，他们从我这儿买下了整个蛋糕，而我实现了股份变现，即拿钱走人。这个蛋糕现在属于别人。我的股份现已为0%，而买家的股份为100%。这次交易也称作“股份退出”。

投资者总是在谈论退场策略，因为他们想知道怎样变现并得到投资回报。其实，所有的股权持有人都想知道，在何种情况下，他们的股权会变现。

当你想把某人从你的生意中分离出去的时候，股份变现也是有用的。如果我有90%的股份，你有10%。我们一致同意这项生意价值100美元，我可以给你10美元，拿走你的股份。这样，你就把你的股份转化为现金了，即变现。

利用变现将不再参与公司事务的小股东分离出去的做法屡见不鲜。

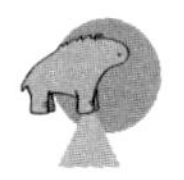

投钱入股

在很多（绝大多数）情况下，公司都想筹集更多的运营资本。此时，公司想卖出一部分股权以获得现金，用于公司运营，同时自己保留一部分股权。这是非常典型的情景。当你投钱入股时，你也为公司的价值设立了一个基准。不管投资者为买股权付了多少钱，它通常都被看作判断公司在世人眼中的价值的一个良好指标。

比方说，一位投资者出价100万美元买下50%的蛋糕，那么这块蛋糕现在就“价值”200万美元，前提是投资者投入的钱用于生意运作，而不是转入原始股东的腰包。所以，现在这块蛋糕变大了。

创始人有能力使投资者相信，原来的蛋糕价值100万美元（即“投资前”估值），投资者再投入100万美元，现在这块蛋糕就“价值”200万美元——懂了吗？如果你之前有一半的股份，那么你的蛋糕份额价值50万美元。现在你只有25%的股份，但你仍有价值50万美元的蛋糕。

如果几个月后，有人在下一轮的融资中以300万美元的价格买下半个公司，那么现在整块蛋糕就价值600万美元。

原来的蛋糕在投资前已经成长为价值300万美元。现在你的股份，即原来的蛋糕的25%，或新蛋糕的12.5%，就价值75万美元。你的股份从25%降到12.5%，但其价值已经涨到了75万美元。

总而言之，股权的现金价值比其百分比份额要耐人寻味得多。值得注意的是，虽然你的股权份额缩水了，但你的财富增加了。

滑稽的是，人们常常忽视这样一个简单的道理。蛋糕因增值变得越来越大，股权也随之不断增值。认为股权是一种有限资源的人想错了。曾经和我共事的某个人偏执地害怕放弃“所拥有的股权”，害怕到夜不能寐。他是个傻瓜。

只要人们愿意为你公司的股权付越来越多的钱，不管他们拥有的股权份额是多少，其价值都会不断增长。

当然，公司贬值，你所拥有的股份也会贬值。如果刚刚那位投资者为买下半个公司投了100万美元，而不是300万美元，那你的公司就价值200万美元，而你所占的12.5%的股份则价值25万美元。

有时候，公司发行不同“类型”的股权，可能会稀释你的股份价值。本书未论及的可能性还有很多。有些人靠研究这些东西过上了体面的生活——我不是其中之一。

本节的主旨是：专注于提升价值，不要担心所有权比例，不要在这个问题上纠结。蛋糕的成长潜力超乎你的想象。如果你不相信的话，想想谷歌、微软、Groupon（高朋）、Facebook和苹果。

你认为公司将来价值多少真的不重要，重要的是公平待人，让人人得其应得。

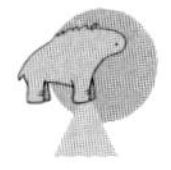

用蛋糕支付

还记得我之前提到过的“缺口”阶段吗？如果你没钱，那你可以用蛋糕支付。

在缺口阶段使用蛋糕，意味着你要在真正的价值参考点出现之前，说服人们相信这块蛋糕有价值。你得让人们相信你的商业点子绝妙无比，而且你（在他们的帮助下）有能力在不远的将来将其变为现金。

还有一点很重要，虽然用蛋糕支付能够让你的生意顺顺利利地起步，但你必须小心，不要把蛋糕分成太多块。通常来说，投资者都想投资于一块相对完整的蛋糕。不完整的蛋糕没多大吸引力。投资者想看到的是所有股东都积极、活跃地参与到公司运营中。在你用蛋糕支付报酬的情况下，虽然这并非总能实现，但我们还是可以在一定程度上做出努力，让蛋糕保持相对完整。

另外一件你要去做的事情是，找到一些愿意为蛋糕而不是金钱工作的人。不是每个人都愿意承担可能永远得不到报酬的风险。然而，你会发现，有很多人一旦认为自己将成为振奋人心的新事业中的一分子，他们就会更愿意获得蛋糕而不是金钱。

有一个词说的就是这些愿意接受蛋糕而不在意金钱的人："创业合伙人"。

创业合伙人

创业合伙人是那些愿意为了一块蛋糕放弃现金报酬的人。不管是有趣还是无聊，只要是将一个想法变成现实所必须做的事，合伙人都得承担。不管是舔邮票还是构建战略规划，合伙人都甘之如饴。

合伙人所求不多——通常只想要蛋糕。他们一般都能在条件不好的住处生存下来，车库、地下室和备用卧室都是其成长基地，咖啡厅、大学校园甚至格子间或办公室都是其潜藏之地。

合伙人所需不多。他们足智多谋，能够利用零星信息，一步到位解决大难题。他们的动力来自对成功的渴望。

合伙人是集群动物，他们结伴而行。很少有哪个合伙人能一手包办所有事务，所以他们把蛋糕分一部分给其他合伙人。如果你能赢得优秀合伙人的心，并且只要你本着尊重他人、公平待人的原则做事，总有一天，你的想法会成为现实。

 烤蛋糕

有了合适且搭配得当的生产要素，才能烤出可口的蛋糕。这些生产要素由合伙人提供。顺便提一句，你自己也是合伙人。根据你烤的蛋糕口味的不同，生产要素的种类和数量会有所改变，基本要素如下：

时　间

时间大概是合伙人需要提供的最重要的生产要素。大多数人都没什么钱，但他们有时间，尤其是在开创事业初期，或者是在他们之前参与烘烤的蛋糕销售或成长不尽如人意的情况下。

合伙人奉献时间，把想法变成蛋糕。时间不是平等的，经验丰富的技术总监的时间就比初级程序员的时间值钱。然而，这两类人都需要公平对待。有了合适的合伙人，你就会顺风顺水。

创　意

合伙人是创意的源泉，他们源源不断地冒出各种各样的创意，产品创意、营销创意、销售创意、运营创意。好的员工带来各种各样的好点子。但要记住，想法本身通常没什么价值，它首先需要变成蛋糕。

人　脉

所有公司都需要可以转化为客户群、投资者、合作伙伴或顾问的人脉。有时候，人脉在公司运营过程中建立；有时候，员工在转投你门下时，带来了自己现有的人脉。已经存在的人脉的确能加速公司的发展，而找到有人脉的人是公司发展的重要一环。

知识产权

专利权、商标以及其他特定的流程和方法属于知识产权。只要使用这些资产的权利受法律保护，它们就是刚刚起步的公司重要的一部分，尤其是在构建战略性优势的时候更是如此。

如果一个人加入公司并准许公司使用自己的知识产权，那么公司就应该相应地给出一块蛋糕，作为对他的回报。

资　金

利用股权蛋糕，你可以得到创业公司需要的大部分生产原料，但并非全部。如果你试着用这块蛋糕买邮票，我敢打包票，邮差会像看疯子一样看你，那你只好在清单上为那成百上千种买不到的东西“贴邮票”（意为做记号）了。你早晚需要筹到钱，资金有现款、贷款和信贷（与贷款类似）几种形式。

现　款

现款用于公司的初期运营，或者支付公司的花费，通常无法得到偿付。这与意义重大的天使投资或风险投资不同，这是让公司起步的钱。

当你吸引到重要的大笔投资时，游戏规则就改变了。稍后详述。

贷　款

贷款是指需要偿还的个人贷款，或者是为公司的各项开支或运营提供资金的银行贷款。

信　贷

信贷是指需要员工以个人名义担保的个人信用卡借款或公司贷款。

物资和设备

方便办公的物资和设备包括笔、纸、个人电脑，或者轻松快捷地处理公司事务所需的其他一切物品。

判断哪些物资的用途是方便办公的，要看如果没有它们，公司能否正常运作。比方说，很多合伙人在公司的组建阶段使用自己的笔记本电脑。此例中的设备是方便办公的，不同于没有它们公司就不能生存的基本设备。

办公必需的物资和设备包括：数据库服务器、打印机、送货车，或者其他一旦缺少公司就不能成为公司的设备。

比方说，几个伙伴想开一家比萨店，其中一个人提供了一台烤箱，这就是一个办公必需设备的例子。

物资和设备的用途是方便办公还是办公必需，两者之间通常存在微妙的界限。这往往是一个主观的判断。就拿椅子为例吧，即使再需要椅子，员工也不该认为自己那把Herman Miller（赫曼米勒）公司生产的价值1000美元的Aeron（艾龙）办公椅是办公必需品。绝大多数情况下，一把25美元的二手办公椅也能起到相同的作用。

基础设施

基础设施包括办公楼、零售摊位、工作室或其他设施，如果创业公司不使用它们，业主通常会拿来出租，以给自己带来收入。

也就是说，业主把此类资产专用于烤蛋糕，产生了机会成本。

如果公司的所有员工在某员工家里收拾出一间空闲房间来办公，这就不会产生机会成本了，因为这个员工大概没有把这间房租出去的打算。如果你和其他员工都是懒汉，把人家的房间搞得乱七八糟，那你可能想给他/她点小恩小惠作为报酬。

其他资源

合伙人手头可能会有公司时不时能用上的资源，但事实上，公司不会拥有这些资源。比方说，合伙人也许能让其他公司的员工兼职参与你公司的项目。或者，合伙人可能有你公司可用蛋糕来“租用”的设备。

虽然有些要素比其他要素更能创造价值，但对待所有要素都要像对待产生积极价值的要素一样，要一视同仁。

你可能会问，为什么我应该将所有要素都视作产生积极价值的要素？因为你不这样做，就不公平。如果你用股权蛋糕作为报酬，就必须公平。假设一个人为公司做了事，而结果证明，他做这事只是在浪费时间。在这种情况下，你仍然获得了价值。具体地说，你知道了做某件事只是白费时间，将来就能避免。

我有一个朋友（一个创业合伙人），任劳任怨地跟一个家伙干了将近两年，一直遵从这个有控制欲的合作伙伴制定的发展方向。有一天，他那个有控制欲的伙伴心血来潮，决定放弃原来的战略方针，启用另外一套。这个家伙解雇了我的朋友，收回他的所有股权，因为他的工作与新战略不相关。可是，我的朋友又怎能事先知道呢？你们来评评，这公平吗？

当一群合伙人同意付出他们各自的时间、精力和资源来解决一个难题的时候，事先难以知道他们的努力能否奏效。利用后见之明来判断他们的付出有无价值，是不公平的。

这让很多老练的企业家心里不太舒服。毕竟，价值创造对任何企业来说都是至关重要的。经验越多，事后诸葛亮越好当，一眼就能看出价值创造所在。很多人把他们的后见之明误认为是先见之明。

如果你也是这样，那么，静下来好好想想，你怎么在事情发生之前识别出价值创造所在。这可真是很难，即使对聪明人来说，亦是如此。（小提示：有些合伙人的业绩记录好于其他合伙人，这些合伙人因能力出众，应分得更多蛋糕，因为合伙人不是生而平等的。）

创业公司是要冒风险的。基于事后之见贬低合伙人个人的付出，就相当于要求那位合伙人替团队担风险。你不能让某个合伙人独自承担团队的风险——这不公平。

哪里有蛋糕，哪里就有让蛋糕变大的合伙人。只要在此过程中能得到公平的待遇，合伙人就乐于分享蛋糕。到最后，如果一切顺利，那么每个人都能分得足够的蛋糕。毕竟事实上，这块蛋糕能无限变大。若创业失败，只要待遇公平，合伙人某天就会卷土重来，东山再起。

如果你曾经是一位企业家，或是在有很多合伙人的创业企业里工作过，你便知道，再没有什么地方比创业企业更让人狂热，更有活力和激情。合伙人团队是一支不容小觑的力量。当合伙人不在团队中的时候，他们通常就是在忙着寻找或组建一个团队。有时候，合伙人会加入好几个团队。合伙人团队是伟大的。

适当地照顾并给予合伙人

正如我之前提到的，合伙人所求不多。报酬可以用股权蛋糕来支付，或者部分报酬以此种方式支付。合伙人也需要感受到自己是团队中的一分子。他们的成长以团队的接纳为基础，这意味着他们的观点和贡献要得到重视。

提供给合伙人适量的蛋糕是很重要的。如果合伙人得不到足够的蛋糕，他们就会感觉不受重视，遂离群而去。如果给予某个合伙人过多的蛋糕，其他合伙人就会觉得不受重视，不再指望公平，也离群而去。或者更糟的情况是，他们会觉得被轻视了，对团队不抱希望，却留了下来。

当员工不抱希望地留在团队里，团队就会变得怨声载道，士气低落。相信我，这些情绪可以扼杀一家创业公司。

用股权付给贡献者报酬，或者说是切蛋糕，若处理得当，你便能招募并留住勤勤恳恳的合伙人，维持一个健康的合伙人团队。若处理不当，你手下就遍是满腹牢骚的合伙人。

作为一位创业合伙人，我曾是很多团队中的一员，有时候是带头人。我所在的这些团队，能使合理待遇惠及所有人的非常少。

有时候，我得到的比我应得的要多；有时候，我得到的比我应得的要少。无论是上述哪种情况，不平等都造成了我与其他员工的紧张关系。

人们切蛋糕通常都切得不对。以下两种错误，他们犯了其中之一，要么是在烤蛋糕之前切蛋糕，要么是在烤蛋糕之后切蛋糕。

蛋糕烤好之前

企业家最常犯的错误是在蛋糕烤好之前切蛋糕。根据我个人的经验，90%的人都这样做。他们预先彼此“做交易”，因为他们认为这会避免以后的争议。实际上，他们鲜能如愿。争议永远存在。或许争议是单方面的，你可能永远无从得知，因为另一个人已愤然离去。

我曾和一个不理解成长中的蛋糕这一概念的人一起做生意。他和很多人一样，认为股权是有限的资源。所以，他着手为每一个可能参与到我们事业中来的合伙人切一块蛋糕。他是我遇见的切蛋糕切得最烂的人。不用多说，我不会再和他合作了，也不会再加入任何有他存在的团队。他是个成功人士，但他不太理解何为创业公司的蛋糕，所以他的成功是建立在损害他人利益基础上的。

合伙人向来都是利害相关、成败与共的。

在蛋糕烤好之前切蛋糕会造成太多问题的原因在于，创业公司的变化常在瞬息之间。你永远不知道将会发生什么，也不可能预测到。所以，当变化不可避免地发生时，你和你的合伙人们不得不劳心劳神地重新谈判，以消除混乱，重归正轨。或者，你们可以勉强自己忍受不公平的蛋糕分配。无论采取哪种方式，你们的关系都将受损，造成的裂痕有时候是无法修复的。

在我的创业生涯中，我曾经不止一次地犯过太早划分股权的错误，这也总令我后悔不已。几年前，我有了一个网站的创业点子，我认为它定能改变世界。我太着急实现这个想法，所以犯了在烤蛋糕之前切蛋糕的错误。我给了开发者75%的股份来建这个网站，给自己留了25%。因为当时我计划做一个不过问业务的甩手掌柜，所以对这样分配没什么不满。现在，网站已经建好了。

网站需要宣传营销才有价值可言。我是做营销的，但是，作为小股东，我没有动力在上面花时间。提前切好蛋糕的同时，我也断了自己的财路。

开发者也被不公平地连累了。他是个优秀的开发人员，但他不做营销。如果我们想招募另一个合伙人做营销工作，我们该怎么操作呢？我应该花时间找人，并自掏腰包雇他吗？我应该在这上面投入额外的时间吗？或者，这些都应该由持多数股份的那个开发人员来做？

我们网站的所有权已然确定。或许我们可以给新加入的营销人员一部分股权，但谁愿意交出他的蛋糕呢？要知道，这块蛋糕和我们刚起步时一样大。虽然我们有了一个网站，但缺了付费用户，它没多大价值。

我应该交出更多的蛋糕份额吗，还是开发者？我们应该交出等量的蛋糕份额吗？或者按照各自的股权比例，划出一部分给新来者？这是一个棘手的问题，也是一场艰难的谈话。

即便我们能解决这个问题，我们的关系也会受损，而这个问题在我们烤好蛋糕之前会再次出现。我可以建议，比如说，我们重新分配蛋糕。毫无疑问，他分得的份额会比现在少。即使他明白手上的股份现在并没有多大价值，他仍会感到不快。到最后，创业的动力和激情都会因不合理的蛋糕分配而消耗殆尽。一而再、再而三地重议股权分配会扼杀一家公司。

你也许觉得，我应该从这次错误中学到了什么。没有。不久之后，我又想到了一个创业点子，并向开发人员征求意见。我试着通过提供股权吸引他们做开发工作。当上了合伙人，他们自然乐于接受工作。我再一次犯了在蛋糕烤好之前切蛋糕的错误。

当我了解到这件事的技术含量比我预想的低很多时，我意识到我为开发工作提供了过多的蛋糕份额。现在，我的开发人员都觉得自己在我的创业理念中占有重要地位，但没有一个人付出任何劳动。这个项目因为两个原因搁浅了：第一，我提前切好了蛋糕，现在我不得不再次与他们协商，重新分配蛋糕；第二，我叫停了这个项目的工作，因为它给了我写这本书的灵感。

我再也不要犯这个错误了！

股份兑现与期权

对那些在烤蛋糕之前切蛋糕的人来说，股份定期兑现是一种流行的风险对冲方法。所谓股份兑现，就是你的股权在特定的时间计划下逐步兑现。比如，公司给你2000股，每月月底兑现100股。到第8个月月底，你将得到800股；到第20个月月底，你将得到2000股。此后，你要么再无所得，要么与合伙人协商，以获得更多股份。

人们认为，切好蛋糕并约定在一定时间内兑现就好比一份安全保障，能抵御合伙人撂挑子不干的风险。问题是，你得预先确定合伙人的蛋糕份额，这就意味着你得尝试着预估这块蛋糕的价值。对一家处于缺口阶段的创业公司来说，这套做法可行不通。然而，随着公司的成长，其价值越来越明确而稳固，股份兑现计划便能顺利实施。

公司喜欢股份兑现计划，因为他们认为这份计划能留住员工。员工不得不在公司待够一定时间，才能拿到兑现的股份。一旦员工离开，公司就停止兑现其股份。

股份兑现和期权是切蛋糕的合理方案。在本书后面的章节里，我将告诉你如何就制定合伙人基金形式的股份兑现方案与律师商谈。

除了股份兑现，企业惯用期权而非实际的股票来激励员工。期权能使合伙人获得公司股票带来的金融收益，同时规避了一部分税款。当你使用期权时，本质上，你也在不断跟进了解吃蛋糕的时候要怎么切蛋糕。它让蛋糕保持完整，也让切蛋糕的刀保持干净。

关于股份兑现

时机恰当的时候，本书略述的规则也可作为股份定期兑现的基础。这对处理股票发行时可能产生的税务问题也有帮助。稍后详述。

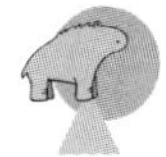

蛋糕烤好之后

有时候，企业家预见到在烤蛋糕之前切蛋糕的问题，所以他们决定在蛋糕烤好之后切蛋糕。这甚至比提前切蛋糕还要糟糕。现在，蛋糕已经烤好了，也有了价值。这会引起合伙人之间的疯狂竞争，每个合伙人都想得到最大的份额。更糟的是，他们现在饥肠辘辘！他们还没尝到过蛋糕的滋味呢！

我的一些朋友曾经开了一家自行车店。他们都付出了时间和精力，而且，他们赚了钱！

他们有了一堆现金，没人知道该怎么处理这笔钱。它属于谁呢？是留给公司运营用，还是几个人分了呢？有些人做的事相对较多，有些人还自掏腰包制作宣传资料。

一个人是所有工具和店面的主人；一个人曾在自行车俱乐部混过，而俱乐部的很多成员都是这家店的顾客。他们费尽心血，却临阵退缩，均分了这笔钱。大家都觉得自己被占了便宜。生意玩完了。

当你在蛋糕烤好之后切蛋糕时，你就会被迫陷入对每个人的贡献做主观判断的境地。你需要重现烤蛋糕时的有效和无效工作。每个人都各持己见，莫衷一是。

有时候，合伙人团队会在对切蛋糕动心起念之前做一点准备工作，比如写份商业计划书。所以，烘烤工作启动了，他们开始看见价值，而大家都想分得自己的那份。再一次地，你会看到一次贪婪的群体争食、一伙怨声载道的合伙人。

不管你是在蛋糕烤好之前还是之后动刀切，你都承担了很高的被队友占便宜或是占队友便宜的风险。这就如同走钢丝，纵然你有着最纯良的本意。

有时候，企业家凭借多年经验练就火眼金睛，一眼洞悉合伙人的需要，找到正解；有时候，他们侥幸化险为夷；有时候，蛋糕成长得太大太快，以至于没人在意自己分得的比例了（就像互联网泡沫时代发生的事一样）。

然而，你不能总是指望这些事朝着有利于你的方向发展，纵使是有着优秀的合伙人团队的好公司，也会因无法避免的错误选择丧失成功的机会。

固定分配

不管人们是在烤蛋糕之前还是之后动刀，他们都因为采取固定分配（也称“静态”分配）恶化了问题。现在，地球上几乎人人都这么做。固定分配指的是蛋糕一旦被切分，每个人分得的比例保持固定不变，直到展开新一轮的股权分配协商。虽然固定分配机制普遍盛行，但它总是在公平、公正上出问题（无一例外）。

你很快就能学到一个叫作“动态”分配的新方法，无须经过让人备感压力的股权分配重议，你就能适当调整所有权比例。当你在接下来几个小时的愉快时光里读完这本书时，你便能深刻体会到动态分配优于固定分配的地方。

雷　区

显然，成功解决股权分配问题的创业公司比比皆是。我所知道的这些公司，几乎都是在价值产生之前或之后切蛋糕。在这些例子中，我几乎可以断定，每家公司中至少有一个参与者觉得受到了不公平对待，或是参与者根本没意识到不公平，因为他们不知道还有更好的方案。

不管是哪种情况，这都是最终会爆炸的雷区。第一个问题会随着敌意的滋长、组织的溃烂而缓慢爆发；第二个问题会在参与者恍然大悟，意识到自己承受的不公那一天猛然爆发。或者，也许不会……

或许公司发展得很好，所有人都选择专注于公司的成功，对自己得到的感到满意。绝大部分成功的创业公司都是在股权分配的难题困扰下熬过早期阶段的。他们只能这样，别无选择。

根据我个人的经验，不幸的是，很多好主意都因为公司在初期阶段的股权分配而夭折。

一家成功闯过雷区的公司身后，是一大堆因难以跨越股权分配难题而倒下的公司。

我们需要一种方法来防患于未然。

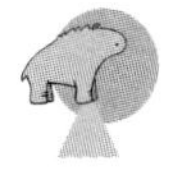

我们需要一个解决方案

用股权支付报酬的最根本问题在于股权（蛋糕）没有实际价值。因为缺乏一个具体模型，所以这是很主观的事，企业家试图设定一个实际价值。但是，在初期阶段，这几乎是不可能的事——万事皆有可能。如果实际价值如此不清晰，那什么是清晰的呢？答案是相对价值。

虽然估算实际价值实属不易，但估算相对价值相当简单。我们可以利用相对价值来解决这个问题。

为了解决这个难题，我们必须采用一个易于理解的切蛋糕方法，并且做到以下几点：

√ 根据参与者提供的生产要素的相对价值犒劳他们；

√ 为他们继续贡献生产要素提供动力；

√ 让创始人可以在公平、公正的原则下吸纳新成员或剔除老成员；

√ 面对迅速的变化，具有灵活的适应性。

好消息，这样的解决方案是存在的，它叫作“合伙人基金”。合伙人基金说明了合伙人个人付出的相对价值，所以，到了股权分配的时候，每个人该得多少一目了然。

第三章 合伙人基金

合伙人基金不会冒着激怒合伙人的风险，在烤蛋糕之前或之后切蛋糕。合伙人基金在烤制蛋糕的过程中，基于生产要素在任一特定时间的相对理论价值分配股权。

这为上一章提到的动态股权分配提供了理论基础。是的，这意味着，任何一天股权的分配都有所不同。公司处于缺口阶段时，每个人分得的蛋糕比例是不固定的，每天都在变化。但为了让事情简单化，我们提供的是蛋糕而非实际的股票。“蛋糕”（Pie）不过是在时间合适的时候分配实际股票的一份承诺（promise to allocate actual equity）。你也可以把“蛋糕”（Pie）想作承诺发行股票 （Promise to Issue Equity） 的首字母缩略词，但也不必如此。

有些人对这种不确定性和易变性感到陌生和不适应。不过，你要是从逻辑层面好好想想这个问题，就会发现它不但合情合理，而且让很多难题迎刃而解。我知道，最开始的时候，这确实会显得有点怪异。毕竟，它打破了传统观点，颠覆了世俗认知。但是，说到底，这不正是一个企业家该做的事吗？

采用合伙人基金，合伙人实际上可以在一定期限内（缺口阶段）赚取蛋糕，份额依据其提供的生产要素的理论价值而定。所以，在任一给定的时间点，合伙人之间的蛋糕分配是有变化的。这种不确定性和易变性也反映了成长中的公司不断变化的需求。

运用合伙人基金，只需要采取以下简单步骤：

1. 指定一个合伙人领导；

2. 评估不同的合伙人提供的生产要素的相对理论价值；

3. 必要时，依据每个合伙人贡献的价值比例，估算出合适的股权百分比。

合伙人基金会让有些人觉得不舒服。他们喜欢了解自己将获得什么，一切清清楚楚，分毫不差。如果你也是这样，那就别运用合伙人基金了——找份工作吧。

打工能让你得到一份稳定的工资，并且与同类为伍。创业必然有风险与不确定性，如若扛不住风险，承受不了结局难料的压力，那你最好找一份可预见的工作，拿一份可预见的工资。这也没什么不好的，我自己就不止一次选择打工。

不过，你若是创业合伙人，你将会发现，合伙人基金是最简单、最公平的切蛋糕方法。

发现合伙人基金

哈佛大学教授诺姆·沃瑟曼在其著作《创始人的困境》（*The Founder's Dilemmas*）中探讨了糟糕的股权分配带来的风险，强调了动态分配的重要性。本书初稿的一位读者将它推荐给我，我很高兴找到了动态分配这一概念的可靠论证。在拜读《创始人的困境》之前，我从来没听说过“动态分配”这个术语。沃瑟曼还讲到了其他若干可能毁灭一家创业公司的隐患。所以，我强烈推荐这本书。

合伙人基金是动态分配公司股权的方法。

几年前，我小本起家创立了一家公司，初次对合伙人基金领略了一二。我花了将近一年时间让公司起步。我在和一个同学组队参加一项商业计划书比赛的时候，草率地犯了在烤蛋糕之前切蛋糕的错误。我的同学在比赛后去做其他事了（我们赢了比赛）。

不久之后，我意识到自己需要烤蛋糕的帮手，需要找到一些创业合伙人。我没有钱为任何一个人付工资，也不知道什么时候才有能力付工资。所以，我与他们每个人达成一份协议，这是合伙人基金的基础。

我告诉每个合伙人，我在为这项事业筹集资金，我试图证明它在投资前的估价为100万美元。我想将公司50%的股份以100万美元的价格卖给外部投资者。我让合伙人记录下在公司工作的时长，我们就每个人的时薪达成协议。

当我终于筹到了这笔资金时，我将他们的工作时长转化成股权，100万美元即为100%。换句话说，如果一个员工工作了100个小时，我们商定时薪为100美元，那他就该得到100万美元中的1万美元，或1%的股份。大多数情况下，这个法子是奏效的。每个人都得到了公平的分配。但这个法子并不完美，因为我自己分得的比例不公平。我并非有意为之，只是不知道更好的方法。（公司在大约一年后失去了融资，所以最后这一切都无所谓了。）

在我经历过的所有股权分配案例中，这个方法的效果最好。这是合伙人基金的早期基础模板。自此以后，我开始完善这个模板，以使其适用于各种各样的情况。我试图把所有情况都考虑周到，因为任何漏洞都可能招致合伙人的不满。

详述合伙人基金

为了让读者更好地理解合伙人基金的运作方式，下面我对运用合伙人基金的三个步骤及计算理论价值的方法做简要说明。

第一步：指定一个合伙人领导

所有公司都需要一个领导，总要有人发号施令。这并不是说他们不会认真听取其他合伙人的意见，只是在意见纷繁，无人能做出最后决定时，需要他们出面解决问题，勇往直前，迎难而上。

大多数时候，选一个领导出来不是什么难事。很多时候，事业之所以开始，是因为一个人有了一个想法，并和其他人分享这个想法。让对这个想法足够上心的人站出来开展工作是个明智之举。我把这个人称为创始人。不过，要是创始人有自知之明，明白自己的不足，他可能会选择把领导权交给另一个经验更丰富或者能在初期奉献更多时间的人。

当你们选出一个领导之后，就有人来管理合伙人基金，并在必要的时候招募新的合伙人，或剔除没有创造价值的合伙人了。合伙人基金的领导可不光是管理基金的人，他还是公司全部股权的持有者，直到切蛋糕的时候。

第二步：评估不同的合伙人提供的生产要素的相对理论价值

合伙人所做的每一项贡献都可以被赋予一个理论价值，用以计算其相对于其他贡献的重要性。合伙人基金的领导会负责赋值（在本书的指导下），并跟踪记录一切事项。这项任务说难其实也没有那么难，况且还有不少让这件事更为简单便捷的在线工具（时间及费用追踪工具）可供使用。

顺便提一句，你如果留心的话，就会注意到，我提到为不同的合伙人提供的生产要素赋予价值的时候，强调了“理论”这个词。这很重要。合伙人所做的贡献没有实际或真正的价值，只有理论价值。

如果你暗示生产要素有实际价值，那么你会发现，某些合伙人想要现金——即便你没有。

此外，如果美国国税局认为你的公司实际上是有价值的，那他们可能会要你交点税。因为事物可定价为人们认为它应值的价格，所以，如果有一群人一致认为你公司的股权实际上有价值，那么国税局很乐于把你的蛋糕当作实际收入，对其征税。

不要误解我的意思，我不是鼓励你逃税，也不是提议你和你的伙伴们相互勾结，制造股权没有价值的假象。我只想让你认识到现状：股权没有价值。

很多合伙人和创始人常常认为他们公司的价值与日俱增，这一认识对他们来说仿佛一粒兴奋药丸。然而，在你说服手头有现金的某人买进你公司的股份之前，你的公司没有价值。

记住，你采用的是合伙人基金股份兑现方案，蛋糕代表的是公平分配股权的一份承诺。蛋糕不是股权，也没有价值。我是付出了惨痛代价，才学到这一课的。

我曾经运用过上文提到的合伙人基金的早期版本。我招了一个程序员，他在公司里工作了160个小时，时薪50美元。然后，他不再来上班了。我们都很好奇他出了什么事。

几周之后，他寄给我一张8000美元的账单。对一家没钱的公司来说，这可是一大笔钱。我手下有辛苦了几个月却不求现金报酬的人；我自己一年来分文未进，且投入了大部分毕生的积蓄。

更糟的是，我们找不到那个家伙做了任何实质性工作的丁点证据。看起来他是做了工作，但他工作的时间不够，没有任何产出。我们在故障日志里找到一些有他签名的故障记录，仅此而已。

最后，他找到伊利诺伊州的就业保障部门追究这个问题。我不得不提请仲裁以解决纠纷，这是个大麻烦。最后的结果是我们无须付给他钱，但我得到了教训。

你必须清楚，包括你自己在内的合伙人并没有创造实际价值，你们生产的是一个基于理论价值的蛋糕，该理论价值用以计算每个人的所有权比例。懂了吗？懂了就好……

第三步：必要时，依据每个合伙人贡献的价值比例，估算出合适的股权百分比

任何人，不管什么时候想知道蛋糕是怎么被切分的，都只需让领导为每个合伙人做以下简洁优美的计算：

单个合伙人的贡献

÷

所有合伙人总的贡献

=

单个合伙人所占的蛋糕比例

你可以一天计算一次，或一个月计算一次，或任何时候计算都可以。这是一个波动的切蛋糕方案，即每个人的理论所有权比例会经常性地改变。这没问题。付出了最多劳动并为团队提供了最多价值的人，会比其他人分到更多的蛋糕。

记住，切蛋糕并不实际给予任何人股票。目前，这只是实时跟踪每个人应得多少的一个方法而已。这个蛋糕只是表明，到了真正发行股票的那一刻，每个人分得的股权会是多少。

在合伙人基金模式中，公司所有者或创始人或合伙人领

导持有全部股权，直到分配股权的时候。在有些情况下，合伙人基金只是决定利润分配的比例，根本不会涉及股权。我稍后会详述。你只需记住，做成这件事需要合伙人之间极大的信任。除非你信任其他合伙人，否则不要加入合伙人基金。

同样，除非你是一个发自内心愿意公平待人的守信之人，否则不要创立合伙人基金。

第四章 创立合伙人基金

要创立你自己的合伙人基金，你只需跟踪记录合伙人付出的相对价值。每个合伙人的每一项付出都有其价值。你们必须预先协商好如何评估合伙人付出的价值（这也是本书的目的）。

价值评估

合伙人提供的生产要素有不同的价值。有一个评估价值的标准方法，并始终如一地实行它，是至关重要的。如果其他合伙人发现某一合伙人受到特殊照顾，就会显得不公平。别担心，对想法、经验和特殊人才的激励会在这个方法中得到体现。

在计算生产要素的理论价值时，需要把以下几个因素纳入考虑：

时 间

时间可以说是合伙人的主要贡献，也是最重要的贡献。没有人付出时间将想法变成一家有付费客户的公司，它就一文不值。

然而，确定一个人的时间的价值实属不易，因为这与人们的心理预期有差距，人们通常会把它的实际价值看得过高或过低。最好的方式就是确定他们的时间的实际机会成本。搞清楚他们在相似的岗位上能赚多少钱（如果他们能找到这份工作）。而给出“正确的”数字，不如确保这个数字相对于其他合伙人来说是公平的更重要。

相对价值在这里是关键。不同的人值不同的价。初出茅庐的初级程序员和甲骨文公司前任销售副总裁相比，谁更有价值一目了然。所以，相对而言，老手的时间比新手的值钱。

当然了，具体得看公司的需要。相比一个业绩非凡的销售经理，你可能更需要一个初级程序员。谁加入合伙人团队是你自己的决定。但是，你拉入伙的人不要比你需要的人多，更不要在颇有名气的合伙人身上犯这种错误，他们可能会觉得，加入你的公司是在帮你的忙。如果你在蛋糕烤好之前或之后动刀切，很容易分给这类人过多的蛋糕。

在合伙人基金里，合伙人个人的时间的价值是你在有现金的情况下愿意付给他们的薪酬（这是合伙人的机会成本）的两倍。将薪酬提高一倍，是因为他们在早期加入你的创业公司，承担了风险。

然后，将上述计算得到的数字除以2000，就得到了合伙人资源小时成本（Grunt Hourly Resource Rate，GHRR），即合伙人的小时工资率。

2000是通过一周40个小时乘以一年50周得到的。这里考虑到几周的年假，而且这个数字是个整数，方便计算。大部分合伙人每周工作不止40个小时，但这不重要，重要的是用于不同合伙人的标准要一致。

说到一致性，可以将小时工资率凑足到临近的整数，比如10美元、50美元或100美元。如果你和你的伙伴在上一份工作中的收入水平差不多，那你们应该同意你们的小时工资率相等。现在不是斤斤计较的时候，提出一个你们都觉得可以接受的工资率就行了。

如果你招募合伙人来干的工作通常是以小时计薪的，那你直接用时薪乘以2就算出他们的小时工资率了。

要确保计算小时工资率的基本薪酬是有现实意义的。如果你的公司不需要年薪30万美元的首席执行官，那就不要招，因为基本薪酬太高了。另外，不要觉得因为你是创始人，你的小时工资率就应该和有20年创业经验的合伙人一样高。如果我加入一家高中生创办的公司，那我会希望自己的小时工资率比创始人高。毕竟，我比他经验丰富，受过大学教育，有两个专业的硕士学位。若我和他的小时工资率一样高，那对我是不公平的。

另一条经验法则是，基本薪酬要与工作内容本身相匹配。我可能值六位数的薪水，但如果你是雇我来打扫厕所的（当然得我同意），那么基本薪酬就应该以厕所清洁工的薪酬为参照（我当然希望向经验丰富的厕所清洁工看齐啦）。

总而言之，合伙人时间的理论价值是用他们的小时工资率（GHRR）计算出来的。小时工资率是你在有现金的情况下愿意付给他们的薪酬的两倍再除以2000。

所有合伙人都需要定期记录他们的工作时长。

如果合伙人出差，那么他们在路上的时间的价值应该算作GHRR的一半。

记录工作时长实在是件讨厌的事情

不只你一个人在提到记录工作时长时会感到浑身不自在（我十分明白你的感受），我也痛恨记录工作时长这件事，它简直无比麻烦。

话虽如此，但我还是得做这件事，因为我知道它不仅是在合伙人基金中保持公平合理的重要途径，更是运营一家创业公司的重要工具。

创业公司极其需要大量的时间投入，时间通常在这个蛋糕中占了很大的比例。了解员工们如何利用他们的时间至关重要，这能让你知道员工们正在关注哪些方面的工作。你也许想知道为什么公司没销售出更多的产品，如果你的时间记录显示，90%的员工把时间用在项目开发上，那么原因就显而易见了。除此之外，没有更好的工具能帮助你更好地管理你的员工，并设定工作的优先级。在企业中，时间就是金钱，大部分企业会记录他们的钱花在了哪儿。因此，只有记录下时间用在了哪儿，才合情合理。

记录工作时长给创业公司设立了一条很重要的纪律，这条纪律能使员工们把精力集中在正确的事情上，并且注重生产率。有一些工具，比如Harvest（一款时间管理工具），会让记录工作时长变得容易一些。我知道这是件麻烦事，但如果你习惯了，它就会变得像例行公事那么简单。

创业合伙人日工资率

很多创业公司雇用兼职员工及咨询顾问，这使得计算小时工资率变得有必要。然而，在很多情况下，你也许会希望用日工资率（Grunt Daily Resource Rate，GDRR）来计算。除却法定假日，每年有250个工作日，因此计算日工资率的方法是用年薪乘以2再除以250。这个公式能计算出八小时工作制的日工资率，以帮助你更好地进行时间记录。

当然，你也许会认为你每天投入了比八个小时更多的时间来工作。这在某些情况下确属事实，所以日工资率也不能如实反映各种情况。这也是小时工资率更精确的原因。

虽然小时工资率更好，但我意识到，时长记录精确到每个小时实在很麻烦，甚至会造成工作负担。如果员工是全职工作的，那么日工资率更适合。

机会成本	乘以风险报酬系数	小时工资率除以一年内工作的小时数	日工资率除以一年内工作的天数
市场价工资	200%	2000	250
200,000美元	400,000美元	200美元	1600美元
175,000美元	350,000美元	175美元	1400美元
150,000美元	300,000美元	150美元	1200美元
125,000美元	250,000美元	125美元	1000美元
100,000美元	200,000美元	100美元	800美元
75,000美元	150,000美元	75美元	600美元
50,000美元	100,000美元	50美元	400美元
25,000美元	50,000美元	25美元	200美元

关于基础工资

当你在确定用来计算小时工资率的基础工资时，如果你手头有现金，一定要确保你愿意支付这笔钱。这一点非常重要，因为说不准哪一天，你也许会想把股权变现，而你不会愿意为此支付太多或者太少。

在创业公司的早期阶段，公司创始人要么表现得特别慷慨，因为他们极其需要人才；要么表现得特别吝啬，因为他们总是为将来担心。为了让股权合理分配，你先假设自己有了足够的资金，可以使公司平稳顺利地度过收支平衡点，然后再合理地制定薪水标准。

工资与创业合伙人

不是所有的创业合伙人都能够接受无薪工作，也许他们会要求至少给一份基础工资以维持生计。在这种情况下，你应该从计算股权的基本薪水中扣除这份工资，再用余下的薪水来计算小时工资率。

举例来说，如果一个合伙人上一份工作的年薪为10万美元，那么他的小时工资率应该为100,000×2÷2000，即100美元。如果公司支付给他5万美元的工资，那么你就要把它从基本薪水中扣除，所以新的小时工资率应该是50,000×2÷2000，即50美元。换句话说，你的股权划分标准应该基于需要承担风险的报酬而定。

让我把这种情况总结一下：在你的公司里，不是所有的合伙人都想要股权。有时候，你可能会雇用一个合伙人，只付给他薪水就会让双方都满意。通常来说，这些“爱财的合伙人”大部分是初级员工，或者以他们具有的技术和能力来说，他们比较容易被替代。比如前台接待员、初级网站开发员、客服代表、初级销售代表、没有工资的实习生，以及其他为公司提供战术价值而非战略价值的职位。然而，如果你拿不出现金付给他们报酬，那你就只能切给他们一块蛋糕了。

这部分人也许会在将来成为想分得股权的合伙人，目前来说，尽管他们是创业合伙人，但只要你能付给他们与其履历相称的工资，他们就会更高兴直接拿钱而非分得股权。然而，如果你想降低这样的合伙人的工资，那你就要分给他们一部分股权来弥补较低的工资。

自由职业或顾问型的创业合伙人

如果你想针对某个项目短期雇用一名自由顾问，那么他的小时工资率应该等于他以小时计的最低咨询薪酬乘以2。

你要确保他们读过这本书，这样他们才能明白什么是合伙人基金。从他们停止服务的那一天起的一年之内，你都应该保留“买下他们全部的股权”的权利。你也许得提前商定股权的买断价格，但是这个价格一定不能高于他们应得报酬的两倍。记住，你不仅需要为他们付出的劳动支付报酬，还要为他们承担的风险提供补偿。

与自由顾问协商股权回购方案的一个方法是，给他们提供一个在一年内（或两年内）回报率逐步提高的浮动计算法。一年期股权回购方案的浮动计算法如下：

第1个月	100%
第2个月	109%
第3个月	118%
第4个月	127%
第5个月	136%
第6个月	145%
第7个月	155%
第8个月	164%
第9个月	173%
第10个月	182%
第11个月	191%
第12个月	200%

因此，如果你在与某位合约员工终止劳动关系九个月后

获得了融资，你可以按照他原始工资的173%付给他报酬。对合约员工来说，这算得上一笔丰厚的回报了。由于工种不同，100%的额外报酬可能会过高或者过低了。只要你提前把工资标准算明白，就应该不会出问题。

12个月之后，他们得到了属于自己的那块蛋糕，或者应该说是一部分可持有的股权。在这一年里，你也可以随时要求买回股权，但是不能强买强卖。要记住，在你需要的时候，他们承担了可能会一无所获的风险为你工作。你不能事后概不认账——这是不公平的。

股权回购应该有一个一年期的保护条款，如果公司在回购发生的365天之内被收购或者上市了，那么这个签了协议的自由顾问就可以得到所持股权对应的全部收益。

这样做可以防止公司在财务清算前的最后一分钟买回股权，以牺牲合伙人的利益来牟取暴利。这会是一个非常恶心人的行为（即使这完全合法）。

你还可以用同样的方法（用股权支付）支付其他的费用，比如一些物资费用、广告费用、租金等。

关于自由顾问的注意事项

如果这个自由顾问打算成为在团队里长期工作的成员，那我们就需要根据他作为一个全职员工能获得的收入来计算他的小时工资率。对同一个人来说，一般情况下，他作为顾问获得的报酬将比他作为员工获得的工资高得多。这是因为顾问们不得不要价更高，以支付管理费用、保险费用、营销费用等。

比如说，和我共事的一个自由设计师，他的要价为时薪100美元。如果他为我全职工作，那么他的薪水可能是每小时50美元。我不介意支付100美元的时薪，因为我不需要一个全职员工。

如果我的创业公司雇了这个人，他以自由职业合伙人的身份加入，那么我会按照时薪200美元分给他股权；若他以全职员工合伙人的身份加入，那么我会按照时薪100美元分给他股权。如果这个人打算长期在团队里工作，那么我就应该采用全职员工合伙人的时薪方案来分配股权。因为在一个团队里长期工作的成员，在公司成长起来的情况下，最终都会成为公司的全职员工。

这里的关键在于，你确定的股权分配方式对其他努力工作的合伙人来说一定要是公平的。因为一个人从事自由职业，并不意味着他应该比其他人得到更高的报酬。

一般来说，一个自由职业者或者说是顾问型的合伙人将会参与公司的一两个小项目，这种项目相对来说独立性比较强。如果团队中的某个成员和团队一起做出决策，并帮助规划公司的成长方向，那么这样的成员就不属于自由职业合伙人或顾问型合伙人。他们是全职合伙人或者兼职合伙人，应该以对待团队成员的方式付给他们报酬。

任务目标

事与愿违的是，以投入时间多少来决定股权分配，会刺激合伙人用更多的时间来工作，你要格外注意这一点。有些时候，你可能想为达成某些目标提供额外的鼓励措施，但也得多留个心眼，防止员工们在此目标上投入过多不必要的时间。

你可以和团队成员坐下来，一起讨论达成某一重要目标要用多少时间。比如说，你的开发人员预计造出一个重要的产品原型需要80个小时。只有工作目标达成时所用的小时数才能被计为有效的工作时间，并且这个小时数最多不能超过之前商定的小时数。

为了避免冲突，在做这样的工作时，有几件事情需要注意。首先，达成某一目标的时间计划以及目标的内容一旦确定，就不能随意更改。如果目标发生变动，员工就要花费时间去达成一个中途改变了的目标，即使最终该目标没有达成，你也不得不将员工花费的时间纳入有效时间。而你事先不可能知道，针对一个目标，什么样的活动或者行为是最重要的，或者什么将会带来关键性的改变。你不可能因为合伙人真诚的行为惩罚他。

其次，如果项目进行得比预计的要快，那么你的开发人员仍然有可能上报多余的那部分时间。在这种情况下，你可能会为40个小时就能完成的工作支付80个小时的报酬。

如果你发现有人在团队中投机取巧，那你可能就需要以股权所有人的身份，和他们进行一场面对面的谈话了。

董事会

在有正式资金入账之前，大部分创业公司并没有一个正式的董事会，然而，组建顾问委员会的创业公司并不少见。这些顾问通常是某一领域经验丰富的专家，免费为创业公司提供建议、指导、重要信息以及其他资源。这些东西不仅可以帮助公司正式运转起来，也能使公司的创业理念在潜在的投资者面前变得更具说服力。

这些人可能来自不同的行业，有着不同的背景，他们通常不是为了得到报酬，但如果他们真的为公司创造了价值，那么分配给他们一部分股权是公平的。只要这些人的小时工资率是合理的，合伙人基金方式的回报对他们来说就是最合适的。因为顾问通常是由成功人士担任的，他们可以要求获得很高的报酬，因此也会有一个很高的小时工资率。对普通的创业公司来说，这份支出可能很快就会超出公司的承受能力。

解决这个问题的一个方法是制订一个“咨询计划”，在计划中为顾问委员会成员规定固定的工资率，以及获得股权分配资格的最少工作时间。

例如，你可以告诉他们，作为顾问委员会的成员，他们可以在工作10个小时之后，享有以小时工资率200美元分配股权的权利。因此，在他们工作满10个小时之后，他们可以得到相当于2000美元理论基础值（Theoretical Base Value，TBV。后面会详细介绍）的股权，并且他们将会成为公司的创业合伙人。与顾问型合伙人不同的是，回购协议在此可能无关紧要，他们看重的不是金钱，而是与创业公司建立一定的关系。

最高小时工资率

通常情况下，我建议把最高小时工资率定为200美元，这样可以让各方面平衡发展。这个工资率意味着一个人的机会成本超过每年20万美元。一般合伙人都不会达到这个工资水平（80%的美国人的年薪在10万美元以下）。

一个经验丰富的企业家或者企业顾问常常会有获得更高报酬的潜力，但是，小时工资率超过200美元对其他合伙人来说可能是一个负面刺激。如果有人希望得到更高的小时工资率，那么也许一家处于早期阶段的创业公司并不是他最好的选择。

缺位持股人

很多时候，在和不属于公司员工的持股人进行交易时，买断权非常重要。拥有公司股权或者期权却不属于投资者或者公司员工的人，叫作“缺位持股人”。一家公司若有太多缺位持股人，会令富有远见的投资者产生担忧。

缺位持股人可能会难于管理，因为他们可能会主张某些权利或者提出某些需求，打乱公司的经营节奏。最理想的情况是，公司里没有缺位持股人。然而，如果你的公司处于缺口阶段，缺乏资金，那么也许缺位持股人是你唯一的选择。虽然投资者会有一定的承受弹性，允许这种情况发生，但他们仍然希望能够买下所有缺位持股人的股权。换句话说，他们希望“现金买断”个人所持的股权。

现　金

人们更倾向于为公司提供设备或者时间，而不是金钱。因此，对于提供了实打实的现金的人，最好能给他们一些额外的奖励。

如果一个合伙人提供了一小笔运营资金，缴纳了服务费（比如开办公司的手续费），或者垫付了以现金支付的费用，而这些资金将无法得到公司的报销，那么这个贡献的理论价值等于所花费的现金或贷款额乘以4。

在一家处于组建阶段的公司里，现金贡献所值甚重，这是有很多原因的。首先，当一个合伙人处于创业阶段时，让他支出现金是更为困难的。除非他有闲钱（大部分合伙人都没有），否则短期内，他就得找份工作，或者去担任顾问，以便能支付账单。创业与努力维持生计同时进行，比单独做其中任何一件事更使人筋疲力尽。

其次，所有业务都需要现金支持才能运转。

没钱=没生意

合伙人都喜欢股权这个东西，如果投入很少的钱就能分得一大杯羹，那对所有人都有好处。

最后，看重现金的价值可以让创始人在公司创办的早期有机会购买并持有自己公司的一大部分股份。

许多创始人都想成为自己公司的主人，因此会在切蛋糕的问题上变得很吝啬。保有股权最好的方法就是花钱去购买。如果你没有现金，那你可以用股权去换，但那样你就不能再期望持有公司的多数股了。

要客观地看待这个问题。如果你给那些为你做出贡献的人支付报酬，那么你当然可以独自持有你公司的所有股权。然而，如果你想从无到有，白手起家，那你就不得不和其他人分享公司的权益。

再强调一遍，合伙人的现金贡献或者现金等价物贡献的理论价值，相当于实际贡献价值乘以4。

资金井

现金入股的计算方式让一些人感到忧虑。他们认为，在四倍的高额奖励下，有些人可能会向公司投入一大笔钱，进而拥有公司的大多数股权。这种情况确实存在，如果这部分钱可以用来支付人们的市场价工资，那没准也挺好。然而，如果这部分钱没用来支付工资，那没得到工资的人可能就会感到失去了动力。当人们为公司做出贡献时，个人分得的股权要与他承担的风险相匹配，这一点非常重要。

存在银行账户上的钱基本上没有任何风险可言，因为钱不会被花掉，最后还是会回到它的主人手里。在传统的投资模式中，公司以特定的价格卖出一部分股权。接下来，团队要做的就是把钱全部花掉，因为毕竟那部分股权已经是人家的了。而在合伙人基金模式中，我们鼓励团队只有在真正需要花钱的时候才去花钱。资金井概念的引入将会大有帮助。

公司可以用借贷的方式引入资金，建立一个“资金井”，当真正有需要的时候，可以从中提取资金。只有当钱真正花出去了，它才能转化为股权。这使得投资者（他们希望降低风险）与合伙人（他们希望更好地利用资金）的动机协调一致。通过资金井，合伙人能够在真正需要的时候提取资金。

关于领取工资的合伙人的现金投资

对领取现金报酬的合伙人来说，为了获得更大份额的蛋糕，直接以所得工资投资入股，是不被允许的。

举例来说，假如我的市场价工资为每小时50美元，小时工资率则为100美元。公司支付给我应得的工资而非股权（如果他们有钱的话），所以我为公司投入时间所得的回报不是股权。然而，如果我把公司支付给我的钱作为投资投入公司，那么我将会得到四倍的收益。所以，我将得到等值于200美元现金回报率的股权，而非100美元小时工资率的股权（这是我投入时间应得的股权）。这不公平。

一般来说，一个需要领工资的合伙人是没有多余的钱进行投资的。然而，如果他们真的想进行投资，四倍的现金回报率只适用于高于其工资所得的那部分现金投资，任何低于其工资所得的现金投资都应该以两倍的现金回报率计算。

关于众筹资金

在写这本书的时候，《创业企业融资法案》所带来的影响还不显著。从理论上来讲，这个法案将会在出售股权的过程中降低不合格投资者的准入门槛。

给完全陌生的人分配小份额股权的一个潜在问题是，最终你的公司里会有一群缺位持股人，他们会发展成公司管理的“老大难”问题。

出于这个原因，众筹资金模式对你来说意义不大。因此，虽然团队成员或相关人员的投资可以在股权上得到4倍的现金回报率，但你可能只愿意给众筹资金2倍或者1倍的现金回报率。通过这种方式，你还是会将股权分给未知的人，但至少不会分给他们那么多。这很公平，因为你需要面对管理股权持有人所带来的额外的复杂问题。

关于合伙人领导

确保每个人得到公平对待，并且得到他们应得的利益，是合伙人领导的工作。显而易见的欺骗行为（比如，以获得更高的股权分配率为目的，将工资进行再投资）不允许出现。

一个习惯性地“钻空子”的合伙人，显然不能真正领会团队协作的意义，这样的人需要被清除出团队（后面会详述）。

为了防止其他方式的欺骗行为，在任何时候，合伙人领导都不应该接受那些显然超出公司真正所需的现金投资，以便更好地管理公司股权，防止弊端出现。

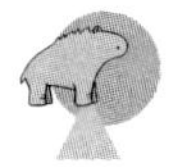

贷款和信贷

有时候，合伙人会以个人名义或者用他们自己的信用卡为公司贷款。如果这个合伙人自己埋单，那么他支付的这笔钱应当被视为现金投资——以现金数额乘以4计入股权。

然而，如果公司支付了这个账单，并且只要是按时支付的，那么合伙人将不会分得股权。

公司不但应该支付利息，在没有按时支付的情况下，还应该支付延期罚款。

但是，如果公司根本没有能力支付账单，那么这个提供信贷的合伙人必须自己进行偿还。在这种情况下，所支付的金额应当被视为现金投资。

因此，在公司偿还账单的情况下，个人担保所提供的贷款或者信贷，理论上不具有计入股权的价值。如果贷款由合伙人进行偿还，那么偿还的金额将被视为现金投资，并计入股权，计算方式为现金数额乘以4。

大额贷款

无论贷款额有多大，以上阐述的关于贷款的规则都适用。

“大额”贷款，比如通过美国小企业管理局（Small Business Administration，SBA）进行担保贷款，或者是用不动产（如出租房）进行抵押贷款，也应该与其他贷款一样，享受同等待遇。如果公司用运营资金偿清了贷款的费用，那么将不会划分出任何股权。

案例一 ///

乔和弗兰克一起花费了10万美元购买了一处出租房。弗兰克以他自己的资产做担保进行了抵押贷款，但是他和乔分摊了共计2万美元的预付款和手续费——每人支付1万美元。抵押贷款用房屋出租所得的收入进行偿还。

乔和弗兰克都可以因为他们的现金投资（每人4万美元）

分得股权，但是弗兰克不会因为做了贷款抵押获得额外的补偿。事情就该是这样。

如果因为房屋没租出去，他们两个需要自己付钱还贷款，那么他们将会根据现金投资规则分得股权。

他们购买的这处房屋的价值是多少，与理论价值的计算毫无关系。只有投入资金的数额才作数。

案例二

肯德拉和米莉从罗宾处购买了一家围巾公司，花费了10万美元。她们以个人资产做抵押，获得了8万美元的美国小企业管理局的贷款。

肯德拉支付了所差的2万美元以完成公司购买，并且又额外投入了2万美元，作为公司运营以及实施一些新的营销措施的费用。米莉没有投入任何资金。

肯德拉投入的资金将会根据现金投资规则（乘以4）计算它的理论价值。所以，肯德拉的投资的理论价值为40,000美元×4或160,000美元。注意，这个金额已经超过这家公司本身具有的实际价值。这仍然是很公平的，因为肯德拉承担了很大的风险。公司的实际价值（10万美元）对合伙人基金的计算毫无影响。

听起来有点奇怪的事

在有关贷款的问题上，至少有两件事在一开始可能会让人感觉很奇怪：

1. 忽视贷款所购物的实际价值；

2. 忽视贷款抵押物的价值。

合伙人基金之所以忽视基础资产的实际价值，是因为它通过计算不同合伙人的投入量来构建一个理论价值，而非一个实际价值。因此，实际价值的多少在合伙人基金里并不能说明问题。

我们可以假设一下，如果看重实际价值会怎样。在这种情况下，我们会把资产的实际价值纳入公司资产，但是，因为公司还有未偿还的贷款，债务会抵销这部分实际价值，所以，这等于是两清局面。

至于为担保贷款的人分配股权，合伙人基金可以绕过这个问题，因为根本没有把资产转换为股权的可行方案。这是个过于主观的问题。

有人可能会说，那些为公司做抵押贷款的人应该得到奖励，因为如果事情搞砸了，那些贷款就要由这些人自己偿还了。这确实是个问题。但是，因为没有客观而有效的方法去评估风险的价值，我们只能忽视这个问题。

通过合伙人基金，我们只需要计算我们能计算的价值。如果有什么是我们没办法计算的，那我们就不去计算它。不必为此思虑甚至失眠，这些问题最终都会得到解决。

如果合伙人不喜欢这种模式，那他们可以选择不去做抵押贷款——即使这可能导致创业失败。没有谁必须承担那些让自己感到不爽的风险。

对公司进行现金投资是得到股权最快捷的方式。如果你觉得自己应该得到更多的股权，那就多投点钱吧。

由合伙人贷款给公司的情况

当一个合伙人贷款给公司时，他就享有一个债主应该享有的权利，即要求偿还本金和利息的权利。利率应该设定为该合伙人愿意接受的值。如果公司根据合同对此债务进行了偿还，那么该合伙人将不会分得股权。

如果公司未偿还贷款，未偿还的金额则可以视为现金投资，根据现金投资规则计算股权。

物资和设备

尽管物资和设备方面的投资是控制现金花销的重要途径，但它们的现金价值通常难以评估。如果那些物资和资源对公司运营有所促进，换句话说，如果它们使公司运营变得更方便（笔、纸、临时的办公空间、个人电脑等），那么它们的价值可能应该附属于公司的理论价值，而不应该被单独计算。尽管这部分费用由合伙人个人承担，但是在创业初期阶段，计算这部分投入的价值给合作关系带来的伤害要远远大于它带来的价值。

想想看，如果一个合伙人给公司拿来一盒铅笔，难道他真的会期望因此获得公司的股权吗？

一个潜在的投资者，一般只会对个人电脑或者办公用品计算少许价值，或者根本不会去计算价值。在一家处于早期阶段的创业公司里，这样的花销应该直接忽略。

最终，公司可能会自行支付这些花销。然而，在刚刚获得投资资金的时候，不建议用它去偿付已发生的此类费用。这些费用属于沉没成本，并且无法为公司提供未来价值。投资者厌恶用他们的投资资金去偿还债务，并且会取消那些涉及大量债务的交易。

旧的笔记本电脑和铅笔是一回事，但是，如果一个合伙人每周都跑办公用品商店，并且花了数百美元购买办公用品，这又是不同的情况了。在这种情况下，购买办公用品的花费应该被视为无法得到现金报销的花费，等同于现金投资。提醒合伙人注意：保存好你的发票！

有些时候，设备和物资是公司正常运营必需的资源。如果没有这些东西，公司就无法存活，所以这些东西的投入对公司来说非常重要，并且会被早期的潜在投资者重视。例如，你准备开一家T恤衫印花公司，那么一台丝网印刷机就属于公司运营必备的设备。

如果合伙人特意为公司弄到某物资，那么这应该被视为不要求报销（现金）的投资性现金花费。

如果在加入团队前，这个合伙人已经拥有此物资不到一年的时间，那么此物资应该以该合伙人购买它的价格作价。比如，合伙人很可能会拥有几台前一家公司遗留下来的服务器，它们使用的时间还不到一年，各方面的性能还很好。

如果这些物资或设备的使用时间超过了一年，那么应该以公司从第三方购得它们需花费的价格来作价。比如，那是一辆汽车，你可以参考《凯利蓝皮书》（美国权威汽车价值评估杂志）上的报价，或者直接把车开到Car Max（美国最大的二手车公司），看看他们会给你多少钱。

大部分物资的价值，可以通过浏览eBay上相关物资的价格来进行评估。在eBay上，你几乎能找到任何东西的参考价格，即人们愿意支付的价格。

公司可以表现得慷慨一些，因为合伙人为公司提供物资，是承担了可能无法将此物资收回的风险的。

总结一下，要按照以下原则计算物资和设备贡献的价值：

如果投资物只是让公司运营变得更方便，那么其价值为0。

如果投资物是公司运营必需的资源：

√ 如果投资物是为了公司运营特意取得的，那么它将被视为现金等价物投资；

√ 投资物的使用时间不满一年的，以购买价格作价；

√ 投资物的使用时间超过一年的，以其转售价格作价。

这样，那些贡献了公司运营必需的物资和设备，又没因此得到公司报销的合伙人，能够公平地分得股权，以作为补偿。

基础设施

办公空间、仓储空间、零售区域，以及其他一些公司经营必需的基础设施是具有价值的，尤其是当合伙人可以选择把它们租借给付费用户的时候。

如果这些基础设施对公司来说正好合用，那么就应该以合伙人出租这些设施所能获得的价钱来对它们进行估价。合用的设施是指公司在有资金的情况下，为了运营会去租用的设施。

有时候，设施即使不理想，也能起到一定的作用。例如，如果你需要一个小型的办公空间，而你团队里的一个合伙人提供了他的一幢大楼中的一整层供你使用，那么这个办公场地可能远大于你的需要。在这样的情况下，你的创业公司不应该为这些设施具有的全部价值提供股权。对公司来说，应支付的最公平的费用应该与公司成长和发展的实际需要相匹配。

同样，某人提供自家房子作为办公空间，也不应该因此分得股权，除非是在这个人放弃把房子租给其他公司的情况下。通常来说，人们很少会把自己家的车库租给一家创业企业使用。

我曾经创办了一家公司，并且从一个开代销店的朋友那里租到一点办公空间。我和我的团队只占用了办公室内极小的一块空间，它足够我们用。我们只为这一小块空间付费，免费上网，并且只需为使用电话象征性地付点钱。这非常棒。其实，你到处打听一下，就会发现这样的情况随处可见。

创意和知识产权

有两种方法可以用来奖励合伙人为公司运营提供的创意以及相关的知识产权：第一种是计算该创意的理论价值；第二种是为知识产权的所有人定期支付特许权使用费（以现金方式或股权方式）。两种方法，任你选择。

有一点很重要，你需要记住：一个创意，不管它有多好，如果没有具体实施，那么相对来说，它就不具有价值。在创业公司里，净是一文不值的创意，还不如想这个创意的时候吃的那顿午饭值钱。一般来说，创意的价值不应该被计入合伙人基金，除非它具有以下特点：

1. 这个创意必须产生在公司启动之前；

2. 这个创意必须是原创的；

3. 这个创意必须不容易想到；

4. 和半吊子的想法不同，这个创意必须是成熟而完整的。

在10月份卖万圣节服装就是一个很容易想到并且烂大街的点子。因此，它不应该换得股权。

这并不意味着像卖万圣节服装这样并非原创而且容易想

到的点子不能够赚大钱。有时候，好的执行才是关键。如果你手下有得力的人，那你同样可以赚到几百万美元。

对那些非原创并且容易想到的点子来说，执行力至关重要。现今，大部分公司都是在非原创并且容易想到的点子的基础上创办的。这很好，这些点子会有很大的市场，而且你在经营的时候不必再去费力摸索。

不过，一本关于怎样建立动态股权分配模型的书确实既属原创（没有其他类似的理论），又非容易想到的。也许在关注这个理论之后，你会发现它很容易想明白，但是对大部分企业家来说，在有人把这个理论拿到他们眼前之前，他们都不会想到它（否则，所有人早就都应用动态分配法了）。这并不是说以前从来没有人应用过动态股权分配模型，只是本书中提及的细节还未能广泛地为人所知。

一个“烘焙成熟”的点子，通常以历经雕琢的概念、深思熟虑的商业模式或者受法律保护的知识产权的形式出现。它们需要洞察力、经验及创造力来驾驭。成熟的点子通常意味着需要投入大量的时间和金钱，它们通常是促使公司成功运营的因素。比如，这本书就是烘焙成熟的点子。

满足上述标准的点子，就具有应该被公司重视的价值了。但是，在公司经营过程中形成的点子，无论它多优秀，它的价值都不应该被额外考虑。对公司来说，形成新的、好的点子是它自带的属性；对合伙人来说，提出有史以来最精彩的创意也是他工作的一部分。

计算创意和知识产权的价值可以说是一项挑战，因为所有者们总是容易过高地估计他们那些点子的价值。人们总是倾向于这样的逻辑："迈克尔·戴尔在我的寝室里窃取了我组装电脑的创意。那个骗子因此赚了数十亿美元！他欠我的。"这实在是荒谬至极。

别误会我的意思，点子和创意确实是一家企业成功的关键所在。但是，通常来说，一个点子价值实现的根本在于把它转变成现实的过程，而不在于最先提出它。这并不是说你不能给那些提出伟大创意的人分一些股权作为奖励。但是，一定要小心，不要过分强调点子本身的价值。点子，甚至是很优秀的点子，到处都是。真正把点子变成一门好生意的，是主动性、热情、行动力，以及勇气和决心。

如果这个点子获得了认证，并且成熟而完整，那么它的价值应该等于形成它所花费的时间乘以想出它的人的小时工资率，再加上所有的研究费用或者知识产权费用。

所以，如果我用了500个小时，以我的点子为基础完成了一份商业计划书，用了200个小时研究并撰写专利申请材料，又花了1万美元雇了一名律师去申请注册专利，那么我这个点子的价值应该是700×我的小时工资率+1万美元（8万美元）。

小时工资率	100美元/小时
写商业计划书所花时间	500个小时
研究专利申请所花时间	200个小时
以小时工资率计所花时间应得的报酬	70,000美元
律师费	10,000美元
此项知识产权的理论价值	80,000美元

特许权使用费

除了计算知识产权的理论价值外，向该知识产权的所有者支付特许权使用费也是恰当的。特许权使用费反映了这样一个事实，即如果没有这个点子，公司就无法运营下去，并且这个点子本身也在为公司带来反响或者说是口碑。此外，要注意的是，特许权使用费只能奖励给那些真正帮助公司创造了收益的点子。

最近，我和一个家伙聊天，我们暂且称他为“特德”，他想和另一个人——我们可以叫他“泽尔士”——一起建立一个合伙人基金，泽尔士在过去六个月里一直在研究一款技术产品。特德认为，如果泽尔士先造出一个基础产品来测试概念，而不是像现在这样造出一个精良的产品原型，那么他可能早就赚到钱了。特德担心的是，这个点子以及相关工作的理论价值将会变得太高。如果从第一天开始，特德就和泽尔士合作，那么特德就能帮助泽尔士设计一个更基础的产品来进行测试。在这种情况下，特德可以向泽尔士支付特许权使用费，而只有在产品真正创造了收益的情况下，特许权使用费才能转换为股权。这样的话，如果这个产品最后被证明一文不值，特德也不会觉得泽尔士分走了太多股权。同样，如果这个点子最后被证明确实能带来收益，那么泽尔士将会获得相应的奖励。

那些花费了数年时间完善他们的点子的企业家，常常过高地评估了他们的时间的价值。特许权使用费可以在团队真正组建之前，解决关于时间投资的问题。

特许权使用费通常是根据某特定百分比的营业收入或者现金收入来进行支付的。我不推荐根据营业利润支付特许权使用费，因为营业利润是可以人为操作的，而这会有损专利所有者的利益。

特许权使用费占营业收入的百分比取决于行业标准和商讨技巧，没有一定之规。一定要商讨出一个公平的比例，因为也许某一天，你得用现金支付这笔费用。

特许权使用费类似现金奖励（见下文）。你可以选择全部支付，或者用现金支付一部分，或者给知识产权所有人分配相当于未支付金额两倍价值的股权。

你可以要求保留股权回购的权利，但是，在合适的时候向知识产权所有人发行股票也没问题，因为投资者将会看到知识产权所有人的利益与公司的利益捆绑在一起，并且不会认为他们是“缺位持股人”。和知识产权所有人保持紧密关系是个好主意，除非他们是那种科学怪人，整天想着利用空余时间研究如何使人类大脑直接控制机器人和家用电器。

最后，在有些情况下，你应该对特许权使用费设置上限，或“终止”支付。这很重要，因为需要不停支付特许权使用费的公司可能会让潜在的投资者敬而远之。（投资者不喜欢那些他们无法摆脱的交易。）

传统的涉及许可权的交易还包括提前一次性支付补偿，这样以后便无须再支付特许权使用费。在某些公司不打算将知识产权投入生产时，提前支付补偿可以防止这些公司抓着股权不放手，使知识产权所有人无法得到补偿。我不推荐提前划分股权的方式，因为这和合伙人基金的精神相左。

人　脉

最后一个需要讨论的投入项目是人脉。有时候，公司需要一些特定的人脉资源，但没有门路，而合伙人恰好能提供。好的人脉可以转化为销售关系或者合作伙伴关系，比如一家专业的服务供应商、一个可靠的卖家或者投资者。一个有着广泛关系网的合伙人可以为公司创造奇迹，而这部分价值应该被纳入考虑。

然而，要注意的是，对合伙人把自己的人脉转化为公司的人脉的预期不要太高。我曾经不止一次地见到创业公司给那些拥有人脉资源的合伙人支付太多报酬的情况。一旦他们加入了团队，他们的人脉往往不能转化成实际利益。在很多情况下，即使这些人脉带来了收益，我们也缺乏一种有效的手段量化其价值。

人脉是一种类似知识产权的东西，除非你投入时间和精力使它真正发挥作用，否则它具有的价值是很低的。然而，有个明显的例外，就是人脉应用到销售中的情况。

对处于早期阶段的创业公司而言，没有什么比一个付费客户更重要的了。

做买卖需要有客户，这是再浅显不过的道理，但很多创业企业没有客户。他们总是忙于生产产品、设计漂亮的网站、撰写广告文案、撰写商业计划书、协商法律文件，以及彼此之间进行交流。

计算人脉价值最好的办法是，在合伙人加入团队之后，把他为培养公司人脉所花的时间以小时工资率计入报酬。如果这条人脉有希望带来销售，那你还应该为这个合伙人建立一种提成规则或者奖金规则，在他成功实现销售之后，给予他奖励。在合伙人应以现金方式获得的奖金中，如果有未支付部分，那么此部分应该在乘以2之后计入理论价值。

例如，如果你同意给合伙人支付5%的提成，那么理论价值就应该是10%。如果你已经以现金支付了2.5%，那么未支付的奖金的理论价值就是5%。

所以，按照5%的提成比例，如果这个销售人员做成了一笔2万美元的单子，5%的提成就是1000美元。如果以股权方式支付，那你就应该给他等值于2000美元的股权；或者如果你已经以现金支付给他500美元的提成了，那你还应该给他等值于1000美元的股权，因为在1000美元的提成中，只有500美元未付现金，需要承担风险。

类似地，如果一个合伙人的人脉为公司带来了意义非凡的首轮融资，那你就应该给他支付一笔中间人报酬。通常来说，融资金额在100万美元以内的，中间人的报酬是5%的提成，超出100万美元的部分，则按2.5%提成。如果想以中间人报酬入股的话，应该以投资者投资的模式计算（而非合伙人基金模式）。

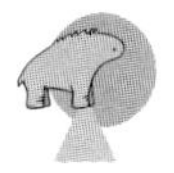

其他资源 / 合作伙伴

如果合伙人或者商业伙伴能够为公司提供很重要的短期资源，那么他们也应该获得股权，因为至少让公司使用这些资源产生了机会成本。例如，有一个合伙人可能在其他公司里有一辆铲车，而你的公司可以时不时地租借来用。在这种情况下，你应该和该合伙人商定一个合理的股权分配比例。如果这项资产不租给你的公司，还会租给其他客户，那么在考虑了风险后，股权分配比例可以用出租费率乘以2来计算。如果这项资产不会用来出租，那么你们可以自行商定一个合理的股权分配比例。

对某些人力资源来说，这个方法同样适用。例如，我的公司（鲨鱼湖风险投资有限责任公司，Lake Shark Ventures, LLC）雇用了许多人来做项目。当我投资一家创业公司时，我以自己公司的人力资源入股。他们不是自由职业者，也不是这家创业公司的员工，更不是白干活，得不到报酬。他们是鲨鱼湖公司的员工，在为一家创业公司做项目。我用我自己的钱支付他们的工资，而鲨鱼湖公司则可以获得相应的股权。

这种情形可能相当常见，通过这种方式，可以建立起公司所需的重要的合作伙伴关系。大部分情况下，没有一定之规，你可以和你的合作伙伴自行商定小时工资率。

假　期

对早期阶段的创业公司来说，各种事项有诸多变化，正式的假期政策并不适用。合伙人们的假期时间不应被计入股权分配计算。（除非他们在假期里工作，在这种情况下，他们会因工作的时间得到相应的股权。）

合伙人基金针对的是那些对公司组建有贡献的行为和举动。坐在海边喝冰朗姆酒并不会对一家创业公司有帮助，所以不能因此分得股权。

等到以后，当公司变得更成熟时，你就可以制定一些更正式的假期政策了。我最喜欢给那些做好分内工作并且达到目标和预期的员工提供不设时间上限的假期。这样做可以让员工更好地管理自己的时间，并且向他们传递了一个信息，即管理者尊重他们作为负责任的成年人的工作能力。这样做也更方便管理，因为你不需要向那些没休完假的员工支付报酬，或者就法定假日、带薪病假、个人事假等跟员工较真。

假期问题的处理与合伙人基金无关，但是，像合伙人基金的建立一样，这个问题也需要以相互信任和尊重为基础。现在，让我们回到合伙人基金的问题上。

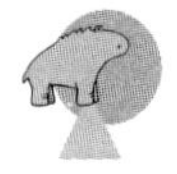

计算方法总结

下表总结了不同生产要素的理论价值的计算方法：

生产要素	计算方法
时间——只要蛋糕的合伙人	小时工资率=商定的年薪×2÷2000（或者除以250，计算日工资率）

（续表）

生产要素	计算方法
时间——既分蛋糕又获得部分现金报酬的合伙人	小时工资率=（商定的年薪-现金报酬）×2÷2000
时间——自由顾问	小时工资率×2（保留股权回购的权利）
资金——现金	资金数额×4（众筹资金则乘以2）
资金——个人信贷，由公司偿还信贷资金	无权分股
资金——个人信贷，由作保的合伙人偿还信贷资金	偿还账单所支付的资金数额（包括利息）×4
资金——借贷给公司的资金	没有股权，公司只需偿还本金和利息。若公司未能偿还，则视作现金投资
资金——不报销的费用支出	费用金额×4
物资和设备——方便公司运营	无
物资和设备——公司运营必需资源	√ 如果是为了公司运营特意取得的，则视同现金等价物 √ 如果物资的使用时间不到一年，则用购买价格计算 √ 如果物资的使用时间超过一年，则用转售价格计算
基础设施	√ 如果对公司来说刚好合用，则等于租借费用 √ 如果超出公司所需，则按公司实际所用支付费用

（续表）

生产要素	计算方法
创意和知识产权	√ （创意或知识产权的）开发时间乘以小时工资率，再加上成本费用 √ 未支付的特许权使用费×2
人脉	未支付的提成金额×2；或者谈成一笔投资，直接支付中间人报酬
其他资源	协商解决

如果你不喜欢这些计算方法，那你可以自行规定。记得要保持公平，保持一致。

第五章 应用合伙人基金

既然你已经规定好各生产要素在股权划分中的价值了，那你就有了简便易行的方法来计算每个合伙人的股权。将某个合伙人所贡献的生产要素的理论价值相加求和，再除以所有合伙人所贡献的生产要素理论价值的总和，就可以求出单个合伙人所做贡献的百分比，你可以在任何需要的时候将这个百分比转化为股权。

单个合伙人所做的贡献

÷

所有合伙人所做贡献的总和

=

单个合伙人所占股权的百分比

所有贡献具有的理论价值的总和称为理论基础值（TBV）。为了计算所有权的百分比，我们需要用每个合伙人所投入的理论价值除以理论基础值。

合伙人应该记录他们在企业中工作的时长，以及相应的工作内容。记录中要有足够的细节，以便让这个记录更翔实可靠，但也无须太过详尽，以至于显得啰唆。这其中的尺度需要你自己掌握。我曾经为一个人工作，这个人对时间的记录详尽到以15分钟为单位的程度——这对每个合伙人来说都可能是一种折磨。不过，在创业公司里，对合伙人怎样利用自己的时间有个大致了解还是十分有用的。

一份简单的时间追踪表大致如下：

日期	小时数	纪要
1月5日	9.50	写商业计划书，与潜在客户一起吃午餐，会见印刷服务供应商
1月6日	8.25	与弗兰克讨论方案，准备招商展示，与乔见面商谈网站的相关事宜
1月7日	4.50	编写网站说明
1月8日	1.75	盯着窗外发呆

合伙人们还应该记录自己提供的其他生产要素，并且定期将记录提交给企业创始人或者合伙人领导。你可以用自己喜欢的任何格式进行记录，但一定要确保把各种不同的投入都记录清楚。

计算股权的时机

大多数情况下，你可能想定时对股权进行计算，比如每个月计算一次，以便对每个合伙人的股权所有情况有个了解。然而，更重要的情况是，当你预计某人，比如某个潜在的投资者，可能会问及公司股权情况的时候，你更需要对它进行计算。

几年前，我曾经创立了一家公司，并且多次兴奋地向潜在的投资者们介绍公司的情况。如果那时候我在使用合伙人基金，那我手头上就必须有一份股权分配数据，以备不时之需。投资者们总是想知道公司的所有权情况。

有些时候（比如对于一些小投资者），你可以告诉他们公司当前的持股情况，并且告诉他们你是在用这个系统来分配股权，让他们买一本我写的书来看。这可以让他们了解你的股权分配方式，他们会认为你是个公正而聪明的人；也能让我卖出更多的书。所以，对你我来说，这是双赢。

然而，当真正的投资资金进入公司的时候，现金投资规则（四倍现金回报率）在此并不适用，股权分配方式将取决于你的谈判能力，以及公司在投资前的市场价值评估。换句话说，那些重要的外来投资者不属于合伙人。

公司价值调整

公司运营最理想的情况是，股权的价值不断成长，超过之前所投入的各生产要素的理论价值。

这对一家成长型企业来说至关重要。通常来说，当你有意于一个潜在投资者的时候，你就会努力把公司卖出一个基本价值，并且你期望这个价值超过你和其他合伙人对公司的投入。成功地商谈出一个较高的估价对合伙人来说将是一大激励，也会为公司带来更多的生存动力。

然而，你可以在创业公司成长的早期就设定一个新的理论基础值，这样做的目的与吸引投资稍有不同：为创业团队吸纳合伙人。

有时候，如果你和其他合伙人已经为公司努力工作了一段时间，那你们可能会希望在其他人加入团队之前为自己

“收获”一点价值。这是很公平的，因为早期的合伙人比后加入的合伙人承担了更多的风险。我称这种情况为“公司价值调整”。

假设你和另外两位合伙人，每人向公司投入的理论价值相当于3万美元。你们一起工作了6个月，这时候，你们需要吸纳新成员。公司此时已经具有一定的运营能力了，所以你们想为自己的辛勤劳动收获一些利益。你们设定公司的理论基础值为9万美元，并且每人分得33%的股权。如果你们认为公司现在“值”30万美元了，那你们可以把理论基础值调整为30万美元，此时你们每人相当于对公司做出了10万美元的贡献。你们的时间投资以及其他任何形式的投入的价值，在理论上增长为原来的三倍。

现在，当其他合伙人加入团队时，他们将加入一个理论基础值为30万美元而非9万美元的团队。因此，如果他们贡献了相当于10万美元的价值，而你们三个无所贡献，那么他们将会获得公司25%的股权（10万美元/40万美元），而非公司超过50%的股权（10万美元/19万美元）。这使得早期合伙人得以维持自己较高的股权份额。但是，请记住，在理论基础值调整后，原始合伙人的贡献也要基于新的理论基础值进行计算。所以，与之前相比，蛋糕消耗得没那么快了。

另外一件需要注意的事情是，如果你将理论基础值上调得过高，那你将要冒理论基础值超过投资者愿意支付的价值的风险，这意味着当你找到投资者的时候，后加入的合伙人实际得到的价值少于他们认为自己贡献的价值，而这很容易惹怒一个优秀的合伙人。我可以告诉自己和其他合伙人，公司现在价值10亿美元，但是，如果在与投资者的谈判中，我只能使投资者相信这家公司价值100万美元，那我将会令我的合作伙伴们感到失望。

只有公司已经创造了足够的价值，创业团队应该从这种高风险的工作中收获利益的时候，才是进行公司价值调整的最好时机。

同样，时间一长，合伙人基金将不得不被其他的股权分配方式取代。随着公司的发展，我们需要用更正式的分配体系来进行股权管理。

股权分割

除了公司价值调整（有些人弄不明白这个概念），另一个选择是，你可以直接在股权中进行“分割”，这使得你和你团队的早期成员能保有一部分独立的股权。分割出来的股权，在任何情况下都将保持固定的百分比。例如，你可以分割出10%的股权，其余部分再以合伙人基金的方式进行分配。这10%的股权将一直保持10%的比例。因此，其他合伙人将以剩余的股权（90%）为整体，进行股权分配。

无论怎样操作，你最终都要处理在百分比的基础上计算百分比的问题，这会让你的脑子更转不过弯来。这种情况是不可避免的，所以，打起精神来应对吧！

合伙人基金不再适用于越来越大的股权蛋糕

当你的公司成长到足够大时，合伙人基金将不再适用。这主要是因为，随着时间的推移，你的股权的增长百分比不断变小。最开始，如果你和你的合伙人都工作了10个小时，那么你这10个小时的工作可能会让你挣得50%的公司股权。后来，当公司的理论基础值变为50万美元时，你这10个小时的工作就不会给你带来什么收益了。这时候，你可能就要准备寻找真正的投资者了。当你得到投资的现金后，你可以雇用一位律师和一位会计师来制订一个好的股票期权计划。

当你和你的律师坐下来后，你可以告诉他团队中的每个人具体应得多少股。记住，公司的理论基础值与公司的实际价值无关，它只是为计算股权百分比提供了一种手段。

第六章 裁减合伙人

对创业公司来说，没有什么比合伙人的离开更具危害性了。这是极具破坏性的事件。合伙人离开的原因，或者是对公司的项目不再感兴趣，或者是对公司的发展前景有了不同的看法。有时候，他们有了其他需要担负的责任，比如家庭，这使得他们无法承担全日制工作。而有时候，这个合伙人与团队不合拍，团队不得不要求他离开。

当一个合伙人离开团队时，无论是自行选择的，还是被动接受的，团队都应该公平地给予他足够的关照。纵使合伙人因为自己过于愚蠢被开除，团队也应该给予他适当而公平的对待。作为团队的领导者，如果你以不公平的方式对待离开的合伙人，那么整个团队都将受到伤害。你最不愿看到的，就是团队的合伙人都满腹牢骚吧。

除了给予合伙人足够的尊严和尊敬外，公平对待还体现在离开的合伙人有资格或无资格享有多少股权份额，以及根据股权回购协议或者竞业禁止规定，公司有资格享受怎样的权利。如果一个合伙人离开时还持有自己的股权，那他就会成为一个缺位持股人，正如之前提到的，在公平的原则下，这种情况应该尽可能加以避免。

决定某人应该享有怎样的权利，在很大程度上取决于他离开的原因。以下列举了合伙人离开团队的三个主要原因：

√ 主动辞职；

√ 被解雇；

√ 因为残疾或死亡无法继续工作。

主动辞职

当一个合伙人主动辞职时，其动机不外乎两个：一是“无故辞职”；二是“正当辞职”。

无正当理由的辞职

有时候，合伙人对公司失去了兴趣，或者受到外部压力，无法继续有效地为公司工作。

因此，这个合伙人便辞职了。在没有正当理由就辞职的情况下，合伙人违背了他与公司之间的承诺，因此不应该得到身为公司员工应得的股权份额。这是一个公民享有人身自由的国家，我们没有理由阻止一个合伙人另谋高就。但是，你不能再享有蛋糕了！

当合伙人没有正当理由就辞职时，他们将会失去通过贡献时间在合伙人基金中获得的所有股权。

另外，公司应该以不乘以倍数的方法，重新计算该合伙人其他贡献的理论价值。新的理论价值就变成了公司购买某些物资和设备应支付的钱（如果之前是该合伙人支付的）与该合伙人贡献的现金价值的和。

也许这听起来有些苛刻，但是，事前就合伙人辞职时削减其投入的理论价值达成一致，可以使合伙人留在团队里。留住员工很重要，而合伙人基金模式本身就能帮助企业留住员工。

另外，公司应该保留以新的理论价值进行股权回购的权利。

如有可能，尤其是在一个合伙人由于经济原因离开的情况下，偿还一些该合伙人曾经贡献给公司的现金。也许你的团队将来会需要这个合伙人回来——公平地对待每个合伙人。

团队成员的突然离开会造成很多后果。当一个合伙人辞职并且保有他最初分得的那部分股权时，这家公司就会失去一部分股权，而公司也许需要用这部分股权来激励替补的合伙人。

在电影《网络风云》（*Startup.com*）里，一家网络公司的总裁不得不与一个已经离开公司的早期合作伙伴协商股权回购事宜。他支付了80万美元。我的天！这笔钱完全可以有更好的用途，而不是支付给一个突然离开的前雇员！后来，事实证明，这个家伙几乎是唯一用自己的股份换到钱的人！

另一个问题是竞业禁止。在合伙人没有正当理由辞职的情况下，作为让该合伙人继续拥有公司股权的交换，公司应该与他签订一份竞业禁止协议。这可以防止那些合伙人拿着跟你学到的东西，加入你竞争对手的公司。美国的很多州不认可竞业禁止协议，但有些州认可。你一定要明白一点，永远不要承诺任何合伙人可以从公司得到任何现金。

即使你所在的州没有实施竞业禁止政策，你也要让他们签订一份协议。与合伙人基金一样，竞业禁止协议也是一份君子协议。当然，合伙人可以违背他们的承诺，但如果他们是好人，他们就应该看到，他们已经得到了公平的对待。他们也应该公平地对待你。

顺便提一句，一个合伙人如果离开了，就无法把他带给公司的东西拿走了。合伙人提供的物资和设备，通常都已经变为公司的财产。创意和知识产权也是如此。如果辞职的合伙人拥有一个创意的专利权，他们应该已经将该创意的专利权授予公司了。大部分情况下，即使合伙人是被解雇的，有权享有特许权使用费的合伙人也将以合伙人基金规定的回报率（未支付的特许权使用费金额×2）获得这笔费用。

当一个合伙人因为不能继续承受无薪工作离开公司，而公司也无法支付他工资时，也许让该合伙人作为团队的兼职成员继续工作，并且让他保有自己的股权是比较合适的。在非必要的情况下，不要对合伙人采取强硬态度。

有正当理由的辞职

有时候，合伙人是被“排挤出”公司的，或者是被迫离开的，因为其他合伙人决定改变该合伙人各方面的待遇，而这与最初签订的协议相违背。

在有些情况下，这些决定是无法避免的；而在另外一些情况下，这些决定的重要性远远超过它们对合伙人的负面影响。这样的决定包括：

√　在职位头衔或者职责范围方面的不利改变。如果一个合伙人从营销部门的副总裁降级至运营部门的主管，那么这个合伙人就有辞职的正当理由了。他们不是非辞职不可，但他们的职位显然不再是当初协议签订的那样了。

√　在报酬方面发生不利改变，而同等级的其他合伙人并未受影响。比如，其他合伙人决定，将某个合伙人的小时工资率减少到原来的50%，但其他人的小时工资率并未发生变化。

√　公司重新选址，新址距原来的工作地点超过50英里。某个合伙人可能无法保证每天的通勤，上班路程的增加给该合伙人造成了额外的负担。

√ 死亡或残疾。

有时候，公司选择调整发展战略，或者需要吸纳具有某些特别技能的新合伙人，这导致别的合伙人遭到解雇。或者，也许只是其他人不喜欢某个合伙人，即使他工作很努力，也做出了很多积极的贡献。公司，尤其是创业公司，变化非常快，这就意味着公司的团队也必须随之进行调整和改变。然而，当这些情况发生的时候，在处理与离开的合伙人相关的问题时，你必须保持公平。

无论出于何种原因，只要合伙人有正当理由辞职，他们就应该获得他们期望的合理的酬劳，或者与他们创造的理论价值相匹配的股权。

在这种情况下，应以减去遣散费（如果有的话）之后的理论价值计算合伙人能够获得的股权。具体的计算方法是，以小时工资率算出应得的工资，减去遣散费，再重新计算股权份额。

公司可以选择保留股权回购的权利，即允许公司以理论价值（调整前的）和公允价值中较高的一个价格进行股权回购。股权回购应该附加一个一年期的保护条款，即如果公司在回购发生之后的365天内被出售或者成功上市，那么离职的合伙人能够获得股份的全部价值。这可以防止公司在进行清算前的最后一分钟回购股权，以牺牲合伙人的利益来获得暴利。

至于竞业禁止方面，公司无权进行干涉。合伙人应该具有竞业自由。公司如果对此有所担心，就应该更小心，不要给合伙人提供正当的辞职理由。然而，需要注意的是，这并不意味着合伙人可以从公司窃取创意和知识产权，即使这些创意是他们想出来的。他们可以加入同行业的公司。例如，你的公司是生产汽水的公司，那么离职的合伙人可以加入另一家生产汽水的竞争公司，但他们不能带走你的秘方、商标或者其他专利创意。

对因为自己无法控制的因素离开公司的合伙人来说，这是公平的。对一个真诚地为公司奉献时间、精力以及各种资源的合伙人来说，受到惩罚显然是不公平的。虽然拥有一个缺位持股人并不是理想情况，但这也比惹怒这个合伙人，并承担与团队其他成员关系破裂的风险强。

死亡和残疾

如果某个合伙人残疾了，应该以对待有正当理由辞职的合伙人的原则对待他。如果某个合伙人去世了，他的家人应该得到他为公司所做贡献产生的全部利益，并且公司应该像对待该合伙人一样给予他的家人应有的尊重。

解　雇

公司决定开除某个合伙人，这种情况称为解雇。和辞职一样，解雇也分为有正当理由和没有正当理由两种情况。

无正当理由的解雇

现今，公司在发展过程中必须进行快速变化和调整。确保合适的合伙人处于合适的岗位是管理团队的职责所在。但是，公司时常需要调整发展战略，有些优秀的、努力工作的合伙人不再为公司所需要。

多年以前，我成立了一家公司，雇用了四名员工做境外电话推销工作。我本以为电话推销是销售产品的好方法，事实证明，我错了。虽然进行电话推销的合伙人很努力地工作，但我不得不让他们离开公司。公司调整了发展战略，不再需要一群进行电话推销的合伙人了。这是我的错，而非他们的错。

当你没有正当理由解雇一位合伙人的时候，相关问题的处理方式应该与其有正当理由辞职的情况相同。这意味着，他们可以持有自己的股权，甚至如果他们想的话，他们可以加入你竞争对手的公司（然而，再次强调，他们不能带走公司的知识产权）。对你来说，虽然直接限制合伙人成为你的竞争对手会更方便一些，但这并不公平。如果你担心竞争的问题，那你就应该想办法让他们继续留在团队里。

无正当理由解雇合伙人，需要极其精妙的操作技巧。对一个领导者来说，如何把控这种情形比任何事都更能彰显他的本性。

据我所知，有一家创业公司的总裁就曾经克扣一位被他无正当理由辞退的合伙人的利益。这个合伙人一直忠实地追随这位总裁，和他肩并肩地工作；而这位总裁也对这个合伙人的工作给予了积极、肯定的评价。

然而，这位总裁并不是一个有着丰富经验的合伙人，他开始对公司没能很快获得成功感到惊慌。某一天，他一觉醒来，决定解雇这个工作努力的合伙人，并且没有什么理由。

这位卑鄙的总裁利用公司运营协议中的一个漏洞，收回了已经给予这个合伙人的股权，虽然这明显违背了合同的约定。

接着，他又克扣了之前许诺的遣散费，还让这个合伙人签下令人难以忍受的竞业禁止协议。这个合伙人受到了不公正的对待，其他合伙人也意识到了这一点。团队的士气变得很低落，几个月里，公司的发展渐渐偏离了轨道，并且再也没有回归正轨。

其他合伙人看到了这位领导者的本性，他们开始怀疑自己哪天是否也会遭受不公平的待遇。

这位总裁行事有失公允，并且很自私。他不懂得，公司的这块蛋糕是不断成长的，他让贪婪控制了他的思想。通过以这种方式剥削一个合伙人，他向其他合伙人传达了一个明确的信息，即他不是一个信守承诺的人，或者说他不会遵守合同的约定，他只关心他自己。

没有什么比公平待人更重要。到了最后，世上所有的金钱都不能让你成为一个更好的人。

有正当理由的解雇

有时候，出于某些原因，团队的领导者必须解雇一个合伙人。通常来说，这些“原因”有以下几种：

√ 合伙人出现严重过失，如盗窃、欺诈或攻击行为。侵占财产、打架斗殴、吸毒或者其他不法活动。

√ 经常性地玩忽职守或力不胜任。这个原因成立的前提是，相关人员必须清楚地理解任职要求，公司必须提供应有的资源帮助他达到该要求，并且必须给予他足够的时间进行改善。

√ 行为与员工职责不符或者给雇主的企业带来不利。在工作期间参加有违职业规范或者与雇主公司竞争的活动，通常足以成为解雇的“正当理由”。我曾经为一家汽车公司工作，公司里的一个客服人员一直在为自己订样品。供应商将样品免费送给公司，这个家伙就把这些样品带回家，装饰自己的汽车。这是不能容忍的行为，他被解雇了。

√ 故意不服从。这是另一个解雇的正当理由。这里指的是员工对个人（尤其是对上级）或规则的轻视和不尊重，也包括不服从雇主的合理合法要求的行为。

如果某个合伙人被以正当理由解雇了，那他应该被视为无正当理由辞职的情况。公司应该以不乘以倍数的方法重新计算他的股权，并且公司应该拥有股权回购的权利。另外，作为可以持有股权的交换，公司应该要求他签订一份竞业禁止协议。当然，如果合伙人挪用了公款，或者是做了有损公司的事情，那你可能就需要处理相关的法律问题了。即使是在这样的情况下，公平待人也会帮你摆脱麻烦事。

一个管理者如何在有正当理由的情况下处理解雇问题，可以让我们从另一个角度看到他的本性。公司中的每个人都应该得到尊敬和尊严，无论是什么人。

最近，我和我的一个朋友一起喝咖啡，这个朋友在他的公司里看到了一起处理不善的解雇事件，也看到了这起事件是如何打击整个团队的士气的。成员们不再信任那个管理者了。更糟的是，每当有人正面提起那个被解雇的团队成员时，这个管理者就切换到自我防御模式，这更加恶化了团队的情况。这家公司再也没有从这件事情中完全恢复过来。

要记住，公司对那些离开的人也许不具有任何法律义务，但是《切蛋糕》这本书不是在教你如何打法律擦边球，而是在讲怎样公平地对待帮助过你的人。

当我们仅透过法律的镜头看世界的时候，我们通常忽视了什么才是正确的、道德的选择。蛋糕不是股票，而是承诺。承诺应该被遵守。

例如，你和离职的合伙人签订的竞业禁止协议并不是一份正式的法律文件，它只是对合伙人基金精神的一个提醒。

正确的决定也许并非总能带来最多的便利，但是从长远来看，我相信公司会发展得更好。有些事虽然于法有据，却于情不通，于理不达。

第七章 魔力数字

在以下三种情况下，你可能想停止使用合伙人基金。

1. 你的公司已经创造了足够高的理论价值，达到了收益递减点；

2. 你的公司已经开始构建有可预期收益的实际商业模型；

3. 你的公司获得了足够多的现金投资，足以支付法律以及财务规范方面的费用。

收益递减点

公司创立之初，短短几个小时的工作可能就让你挣得很大一部分股权。在理论基础值为900美元的情况下，100美元的贡献将会换来10%的股权。但是，如果你的理论基础值为50万美元，那么你100美元的投入根本换不到什么股权。这时候，你就该把蛋糕转变为真正的股票了。

参与者们已经无法因为手中股权的增加受到激励了，需要建立新的激励机制。另外，到了那时候，合伙人们已经为公司发展付出了很多努力，你将会知道谁才是真正为公司努力工作的人，谁才是有价值的员工。

实际的情况

并不是所有公司都需要吸纳外部资金。也许你足够聪明或者足够幸运，可以想出办法，让公司以自身的收入为基础进行发展。在这种情况下，停止使用合伙人基金的适当时机是你开发出一套可预期收益的、看起来很有可能会成功的商业模型的时候。

“可预期收益”指的是你在可预见的未来有稳定的收益流，你清楚公司基本的成本结构，并且有一个公司成长计划。

当你具备这个条件的时候，你的公司可能就具有了实际价值，而且你将需要确定更正式的股权分配细节。这意味着你要联系你的律师，告诉他每个人拥有多少股权，并且请他制订一份运营协议或股东协议，以保证你和现在的团队继续顺利合作。

你可能想制订一些股份兑现方案或期权计划来帮助公司留住员工，一定要确保每个得到股权的人都受到了公平的对待。对你来说，为个别人改变规则并不是公平的行为。你可以在某些时候为整个团队改变规则，但是不可以把某个人排除在外。新员工可以采用不同的待遇政策。记住，如果你以后吸引外部投资，尽管你的股权已经发行出去了，新的投资者仍然可能会制订一个股份兑现计划。

对处于创业初期、还没有形成自己真正价值的公司来说，合伙人基金是最好的模式。当你的公司真正创造了一定价值的时候，你的团队差不多已经稳定下来了，而新的团队成员也不再是真正意义上的“创始人”了，所以你可以给他们提供期权计划或者工资，让他们选择。你可以“冻结”这个基金，为公司的下一步发展做准备。

你的律师会发现，在公司蒸蒸日上、前景光明，团队又很有凝聚力的情况下，把股东协议整合起来就变得简单多了。股权的分配不会是独断而专制的，而是会反映出合伙人真实的贡献情况。

你一定要为你的律师买一本《切蛋糕》，让他们能够在反映合伙人基金道德内涵的基础上制订股东协议。一份好的股东协议将会把人们导向一个好的出发点。一份糟糕的股东协议就是一个肮脏的工具，卑鄙的人可以用它来占好人的便宜。

合伙人基金不是为人品低劣的人准备的。

现金投资

当你得到一笔投资巨款时，所有合伙人都会愿意基于自己赚得的蛋糕份额的相对大小进行正式的股权分配。有些时候，投资者会要求以期权而不是直接以股权的形式进行分配。这种方法好坏参半，这不是我要介绍的内容。你只要知道，对正式的投资者来说，主张实施期权计划和（或者）股份兑现方案是很普遍的。

有时候，投资者会强行加入一些压制性条款，这看起来不是很公平。合伙人领导以及其他高级合伙人需要判断这是不是值得。有时候，公司不得不孤注一掷，选择不尽如人意的投资者。重要的是，所有合伙人要在新的投资者确立的条款中受到同等对待。

你可能想知道，到底多大的投资额才能保证公司的合法运营以及财务运转。

答案是100万美元。

在创业公司里，对于这类问题，你很少能得到一个这样直接的答案。但是，我讨厌用“取决于”这个词，所以我的答案是100万美元。100万美元并不是巨额资金，但足够让公司形成一个实际价值，也能够使合伙人贡献时间的增加在股权分配中变得无足轻重。

如果你的公司得到了至少100万美元的现金投资，那么，是时候请律师和会计师把所有东西文件化和正式化了。你需要更新公司章程、重新订立经营协议、准备投资文件，在有些情况下，还需要为那些将成为公司员工的合伙人订立雇佣合同。

如果某个投资者的投资额度小于100万美元，他仍然想要你做到这些，那你也不要惊讶。如果遇到这种情况，你需要考虑这笔投资交易是否值得。相关的律师和会计师制订一套非常精简的框架文件的费用，可能为1.5万～5万美元。我宁愿把这类费用花在营销上，但是，如果一个投资者希望正式的协议到位，我也是完全可以理解的。投资者想保护自己的资金，因为挣钱不容易，而每个人都想分点走。

如果注入的资金少于100万美元，那么，也许将它称为可转换贷款并以此操作会更好一些。这样的话，当你遇到愿意投资100万美元或者更多资金的人的时候，这些现金可以转换为股权。为了给投资者一定的保证，主要的合伙人可以以个人名义为这笔贷款做担保。

100万美元能够购得的股权份额，将以协商好的公司在投资前的估值为基础进行计算，我称这个估值为“魔力数字”。这个估值要足够高，以激励合伙人继续工作；也要足够低，以刺激投资者进行投资。如果这个魔力数字比各个合伙人所做贡献的理论价值之和要大，那么所有人都会很开心！

如果你的魔力数字太小了，那么你和其他合伙人在这场交易中就不会得到太多股权，你们的工作积极性就会大受打击。如果你的魔力数字太大了，那么投资者们就会去别处寻求更好的交易。对你来说，不幸的是，投资者从来都不缺少有潜力的交易可选择。

你不需要给潜在投资者看你的合伙人基金和理论基础值。它们对公司的实际价值毫无影响，所以，讨论这个问题只能让事情变得更复杂。在这场游戏的这个时间点，你想为你和你的合伙人们赢得最好的交易。当投资者加入进来后，他们也会变成你团队的成员，所以一定要保证你的交易对他们来说也是公平的。

实际上，100万美元并不算很多钱。合伙人能够分享多少利益，取决于他们能把自身的价值展示得多好。

当你开始有资格谈论实际资金时，你的律师费就会花得很值了。律师和会计师通过一段时间的努力，将会把你从头疼中拯救出来。现在，你真正拥有了一个烤好的美味蛋糕！

第八章 合伙人基金概述

大多数企业家在分配股权时常犯的错误无外乎两种：一是蛋糕还没开始烤就分了；二是蛋糕烤好了才开始分。不管是哪种方式，都无法满足创业公司的动态需求。

更糟的是，大部分人使用固定的股权分配方式。公司变动之际，这无疑会导致让人不爽的股权分配重议。

在处于早期阶段的创业公司里，合伙人基金是一种公平合理的股权分配方式。对你和你的合伙人而言，这是一种动态的股权分配方法。

要采用这一方法，就要明确各生产要素的理论价值，因为它们是合伙人贡献多少的衡量标准。

这些要素包括：

√ 时间；

√ 资金，包括现金和现金等价物；

√ 创业必需的物资和设备；

√ 人脉；

√ 知识产权。

在合伙人基金中，合伙人能分得多少蛋糕，取决于他们所做的贡献占总体理论价值的比例。

某些时候，早期合伙人可以通过调高公司的理论价值来“收获”一部分他们已创造的价值。新的理论价值将成为计算他们和加入团队的新合伙人的股权份额的标准。

在设定新的理论价值时，一定要注意，不能过高地估计公司的实际价值。如果估计得过高，合伙人会不高兴。

作为一种备选方案，合伙人可以“分割”一部分股权，然后分配剩下的股权。当剩下的这部分股权随着合伙人的贡献发生变动时，分割出来的这部分股权保持固定的比例。

当一个合伙人无故辞职或因故被解雇时，他就无权再获得以其贡献的理论价值计算的股权了。应根据他已贡献的现金或现金等价物的价值对理论价值做出调整，根据调整后的理论价值分给他一块蛋糕。公司应该保留股权回购的权利。

当一个合伙人有正当理由辞职，或是无故被解雇，或是残疾，或是去世时，他应当有权保留自己的以理论价值计算的股权份额，并且这个理论价值应减去遣散费。

公司可以选择保留股权回购的权利，并且以理论价值和公允价值中较高的一个价格进行回购。在一年的回购保护期内，如果发生了重大的清算事件，那么应当保证股权持有者得到手中股权的所有价值。

合伙人基金的核心在于让大家得到公平的待遇。尽管从某种程度上来说，赚钱是大部分企业家的目的，但他们也乐于参与到这项游戏中，团结协作，白手起家。要成为一个合伙人，就要具备奉献精神和责任心。尽管这并不容易，但回报丰厚——即便公司最终没有成功。有证据表明，许多合伙人在经历了创业的失败后会从头再来，因为他们没有得到满足。

企业家可能会恩将仇报，炒掉那些任劳任怨的合伙人。老实说，这种情况挺常见。有时是故意为之，有时是因为缺少工具和理解力来实行一种公平的模式——现在，他们有了这样的模式。

第九章

升级为合伙人基金模式

如果你已经成立了自己的公司，那么你采用的相对固定的股权分配方式很可能已经使合伙人产生了焦虑。现在，你需要改变相对固定的股权分配方式，只有这样，你才能走上正轨。这就需要将原有的模式升级为合伙人基金模式。只要大家都愿意合作，这项工作非常容易做。

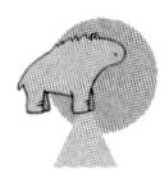

从合伙人手中买进股权

首先，你需要向大家展示动态股权分配方式的优点，从而使大家参与其中。要做到这一点，只需让他们读读这本书即可。

你团队中的人可以分成两类：

1. “瘦合伙人”：他们的实际所得少于应得；

2. “胖合伙人”：他们的实际所得多于应得。

（不大可能出现实际所得恰好等于应得的情况。）

说服“瘦合伙人”比较容易。他们总感觉自己被“胖合伙人”骗了，尽管他们喜欢这家公司，也相信自己的眼光，但他们渐渐失去了动力，因为他们总感觉自己在为别人的利益工作。

说服“胖合伙人”就比较难了，因为在分配模式改进后，他们所拥有的股权很可能会缩水，他们不得不开始努力维护或提升自己在公司里的地位。当然，这样做是绝对公平的。

如果他们有这本书，那么，当他们读到这一章时，他们大都应该会同意。如果他们不同意，我还给他们留了一封信。

亲爱的“胖合伙人”：

你实际持有的公司股权份额与你应得的不相符，现在，这已经影响到你和团队的其他成员的关系，最终可能会导致公司经营失败。如果你能和团队的其他成员重新分配利益，那么公司将变得更有价值。如果你不愿意帮助大家营造一种人人得其应得的公平氛围，那么公司将很难成功，股份也会变得一文不值。和团队的其他成员合作吧，让你和你的小伙伴们得到合理的股权份额。

你真诚的朋友

合伙人迈克·莫耶

如果这招也不管用，那你面对的很可能是不值得信任或贪婪的人。无论如何，这些人都不能与团队融为一体，和大家共同进退。该是炒掉他们的时候了。

你需要与值得你信赖的人一起工作。你不能信任那些不愿意公平对待你和其他团队成员的人。贪婪的“胖合伙人”是舒舒服服地坐享他人利益的人。如果用一个词来形容这类人，那就是“浑蛋”。千万不要和这些浑蛋共事，你大可以找别人来干他们的活儿。

还有一部分合伙人，他们或是公司多数股权的持有者，或拥有核心知识产权，或投入了庞大的资金。这类人很难被替代。

如果你面对的不合作的“胖合伙人”是不可替代的，那你也许不得不立刻止损，自己离开公司，免得吃更多的哑巴亏。出色的合伙人总能找到更好的归宿。

这就是固定的股权分配方式导致的问题。下一次，你就会变得老成而睿智，从创业之初就建立一个合伙人基金。我希望你不会再遇到这些难题。

升级分配模式

一旦大家都同意了这种分配方式，你就要考虑，如果你自始至终都使用合伙人基金，那么这个蛋糕原本应该是什么样子的。这需要你把大家所做的各种贡献列出清单，把它们的理论价值相加，计算出你的理论基础值。时间贡献的计算将是最麻烦的，因为大多数情况下，人们并不能准确地说出自己付出了多少时间。

记录工作时间

让每个人都记住自己付出了多少时间是不现实的。将人们分成全职、半全职、兼职三类，这样就方便多了。

以一周为一个周期，每周工作40～50个小时的是全职员工，每周工作20个小时的是半全职员工，每周工作10个小时的是兼职员工。你也可以按自己的方法来分，但千万别吹毛求疵——没这个必要。

蛋　糕

一旦你弄明白了蛋糕是什么样子的，合伙人基金的所有参与者就会按照规则赚得自己的那一份。事情的发展就会如书中所言，你会越做越大，合伙人基金将不再适用，继而你就会产生发行实际股票的想法，然后你就会跟你的律师商谈协议。

当你发行股票时，你只需按照每个人应得的比例分给他们足够的份额就行了。

案例

合伙人1与合伙人2合开了一家公司，股权对半分。如果公司获准发行100股，那他们就各占50股。

几个月后，合伙人1明显对生意失去了兴趣。他们同意将分配模式升级为合伙人基金模式来解决这个问题。

他们计算了自公司成立以来每个人所做的贡献，并且一致同意，如果他们自始至终都在使用合伙人基金，那么合伙人1将分得25%的股权份额，合伙人2将分得75%的股权份额。（在这里，发行了何种股票无所谓，因为股票一文不值。）

此后，他们将根据合伙人基金模式的原则来赚取蛋糕。

当合伙人3入伙后，她也遵照合伙人基金模式的原则来赚取蛋糕。就像分蛋糕一样简单。

半年之后，团队在市场运营方面初见成效。他们开始赢利，并且合伙人基金的蛋糕也随之成长。这时，三人所占的蛋糕份额分别是：合伙人1占30%，合伙人2占60%，合伙人3占10%。他们决定增发69股来重新调整一下比例。

请牢记，合伙人1与合伙人2已经各持有50股了。因此，在新一轮的分配中，合伙人1得到了0股，合伙人2得到了52股，合伙人3（之前是0股）得到了17股。当新股票发行后，股权的所有情况如下：

	原有	得到	现有	
合伙人1	50	0	50	30%
合伙人2	50	52	102	60%
合伙人3	0	17	17	10%
	100	69	169	

合伙人基金模式实现了所得即应得的股权分配。每个合伙人所持有的股份相对于其他合伙人来说都是公平的。最初

的分配对最终结果没有产生影响，这是因为新增加的股票维持了平衡。

合伙人1原来持有50%的股份，而现在只持有30%。他没什么可难过的，因为公司现在比过去更值钱。如果他想搅局，那么公司可能会分崩离析。

关于“胖合伙人”的解释

并非所有“胖合伙人”都是浑蛋。在某些情况下，一个合伙人之所以会变“胖”，是因为他运用了我之前提到的股权分割或公司价值调整技巧。只要其他合伙人清楚这一情况，就没问题。

这些技巧可以让早期创始人从他们的早期工作中获得收益。只要他们能遵守游戏规则，一切就都是公平合理的。

第十章 创业失败

创业公司在早期阶段很容易失败，其主要原因有二：一是资不抵债导致破产；二是创始人在了解到市场的险恶后，失去了最初的创业激情。

破　产

有时候，你的创业公司会背负一些严重的债务，在你意识到之前，你们已难脱身。除非你的公司有足够多的资金来偿还债务，否则你就需要另想方法。

就像我之前提到的，当一个合伙人以个人名义替公司的债务做了担保时，只要债务由公司偿还，债务就不会转化为蛋糕份额。但是，如果公司无力偿还，那就只能由做担保的个人来偿还。在这种情况下，此债务应被视作现金贡献，其理论价值是偿还金额的四倍（如果公司破产，那就无关紧要了）。

通常来说，债务由公司高层参与者承担。公司有时也会使用初级成员提供的贷款，不过这种情况比较少见。

如果公司自己担保了债务而又无力偿还，那就必须去寻求现金支持。在某些时候，团队成员会救你于危难。或者，你也可以寻求外部投资。不幸的是，很少有外部投资者愿意帮助创业公司摆脱债务危机。这可是糟糕的资本利用啊！

“募捐”或者根据参与者的股权份额来分摊债务，这两种方法看上去很诱人，但不是好主意。合伙人可不想自掏腰包。他们都在为蛋糕工作，蛋糕最终会转化为股权，而股权会生成资产。他们可不想为债务工作，如果他们认为自己的工作都转化成了债务，那他们就会辞职。

有时候，你会在电影中看到员工和朋友们为了帮助处于困境的领导而募捐的场景。但是，这并非在贝德福德镇（Bedford Falls）之外的现实世界中发生的故事。[在电影《生活多美好》（*It's a Wonderful Life*）的结尾，主人公乔治忽然明白了他的人生并不糟糕，因为在贝德福德镇，还有许多朋友愿意并准备帮助他。]有时候，生活并没有那么美好。

这种情况无疑会给团队的领导者一记重击。他们将不得不偿还公司的债务，而他们偿还的金额也将被视作现金投资。

如果领导者不愿意或是无力偿还债务，那他们或许就要关闭公司了。当你关闭公司时，你要尽可能地变卖公司的资产以还清债务，然后将剩余的资产按照合伙人所占的股权份额分配给他们（稍后详述）。

激情消退

一番发愤图强、全力拼搏后，创业者可能会意识到他们对市场的认识是错误的，而他们想改变世界的初衷也不可能轻而易举地实现。

可能是他们的产品不给力，可能是他们低估了市场竞争，可能是他们的另一半想让他们找一份真正的工作，也可能只是他们觉得自己的创意并不是很棒。

还可能是因为创业太艰难……

成功并不像我们期望的那么容易，这就是社会法则。想要成功，不仅要有大视野，还要有别人不具备的毅力。

 把蛋糕转交给其他合伙人

公司创始人离开时，可能会决定把蛋糕转交给其他合伙人。在这种情况下，他们可以像其他合伙人那样选择辞职。这种情况将被视作无故辞职，领导权将转交给最大的股东（或者由创业团队决定）。

如果其他合伙人不愿意接手，那你就不得不抛售所有资产，关门大吉。

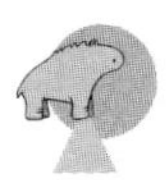 关闭公司

如果公司债务超过出售资产所得，那么公司仍将处于负债状态。如果你想承担债务，那你就要成立一个合法的组织来保护团队成员的个人财产，比如一家有限责任公司。这样一来，尽管债权人会直接找到你，但如果你确保公司合法，就没什么大问题。如果你没有成立这样一家法人公司，那么债权人就会向任何他能找到的人追债。我不是在教你怎么逃债。通常来说，债务由创业团队中的成员来承担，他们都是

偿还债务的最终责任人。

到了公司关门的时候，资产会被出售以偿还债务。如果还有剩余的现金，那就按下面的规则来分配：

1. 如果有足够多的现金，以现金或现金等价物入股的合伙人，应该得到与他们的贡献相等的偿付。但是，这种偿付不会削减他们持有的股权（如果有影响的话）。

2. 如果没有足够的现金，那就要按贡献价值所占的比例来偿付。用个人的现金贡献除以总的现金贡献，然后按照这个比例将剩余的现金分配给合伙人。

3. 无论剩下多少现金，都应该按照合伙人的控股比例来分配。

这样做的目的是尽可能地再次把大家团结在一起。获取现金是合法债权人的首要权利。任何以现金入股的人都承担着更大的风险，他们的现金应当得到妥善保护。作为合伙人，他们很清楚以现金入股有可能得不到回报。因此，当公司停业时，有总比没有强。

第十一章 合法化

商业尤其是创业的第一法则是和你能信任的人合作。合伙人基金是信赖关系的基础。如果你的本能是防范你的合伙人，那么你很有可能选择了错误的团队。

合伙人基金体现了公平对待的原则，并为志趣相投、心怀相同愿景的创业者提供了一个轻松创业的起点。但是，即便你聘请了一位对合伙人基金持乐观态度的律师来帮你订立一些基本合同，你也有可能在加入合伙人基金后受到伤害。

如果你想避免这种伤害，那你很可能逃不过壮志难酬的命运，你不可能规避所有风险。

没有保护网

雇用律师和会计师来帮你制订公司协议和法律架构并不是免费的。我认识的大多数好律师都会对创业公司给予比较大的优惠，前提是他们只做一些基础性的工作。我个人更希望企业家把资金用于市场营销。除了设定一些基本的责任保护条款（稍后详述）外，你要避免在法律事务上投入过多的资金，除非你坚信自己的公司已经站得住脚。

在新公司成立初期，你的注意力应该放在产品概念的论证上。要舍得投入时间和金钱，去发现是否有人对购买你的产品或服务感兴趣。

有时候，在没有法律保障的情况下勇往直前是你唯一的选择。没有保护网确实更具风险，不过话说回来，你也可能不会跌倒，一切都会进展得很顺利。

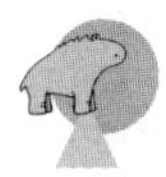

有保护网

如果你发现有人愿意在你的产品上花钱，那可就有戏了。是时候通过建立某些基本的法律架构来组织并保护你的公司，以减少遭受损失的可能性了。但请记住，对大部分律师和会计师而言，合伙人基金是一个全新的概念。大部分人习惯用一种传统的方式来做这件事情，因此，你最好雇用一位对合伙人基金持乐观态度的律师，或是确保你雇用的律师跟得上本书阐述的概念，与时俱进。

跟你的律师说什么

对于以合伙人基金为基础创立起来的公司来说，为了实现利益最大化，你最好跟你的律师讨论一下法律责任、所有权以及税务问题。

你要做的第一件事就是建立正规的法人结构。在大部分情况下，你可以利用在线工具或直接找相关政府管理机构来成立你的公司。我喜欢这种方式，因为它需要你做更多的研究，这能够帮助你更好地理解一切是怎么运作的。但是，大部分乐于帮助创业公司的律师会以合理的收费来帮助你成立公司。相较现金，他们可能更想要股权。

责任有限化

任何一家正规的公司，它最突出的特点就是能够保护所有者的个人资产，使其免受从公司债务到诉讼等各个方面的影响。尽管这种保护并不是万无一失的，但总好过没有保护。你将公司组织和经营得越好，能得到的保护就越多。在大多数情况下，这意味着个人行为和公司行为的分离。既要防止商务考察变成旅游度假，又要防止个人动用企业账户。

当你会见你的律师时，一定要讨论这个问题：个人怎样才能最大限度地免于承担法人实体的责任。

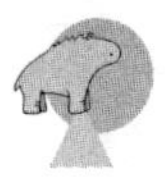

所有权

创建一家正规的公司还有助于你管理知识产权和资产所有权。一个合伙人为公司做出了贡献，就意味着他把这部分贡献的所有权转让给了公司。这一点非常重要，因为你不希望人们离开公司时带走点什么。比如说，你开了一家比萨店，你的合伙人贡献了一台烤箱以获得股权，那么这台烤箱理应归公司所有。如果你没有设立正式的法人实体，那么这台烤箱就始终归那个合伙人所有。这可不太好，因为生的比萨饼可不太美味可口。

同样道理，如果一个团队写出了不错的软件程序，那么代码应该归公司所有。你不会希望程序员拿走代码复本，并且创建一家竞争公司。

所有原材料和知识产权最好默认属于公司，这是所有公司的通则，并非仅限于使用合伙人基金的公司。

税　务

事情从这里开始变得有趣。你和你的公司应该如何纳税，完全取决于你设立的正式法人实体的类型。本书的大部分读者会在有限责任公司（LLC）和股份有限公司（Inc）中做出选择。

有限责任公司是较好的选择

对以合伙人基金为基础的公司而言，有限责任公司是不错的选择，因为比起股份有限公司，有限责任公司可以提供更多的灵活性。

有限责任公司最突出的特点是股东之间可以用任何方式来分配利润。运用合伙人基金，你能够根据每个人持有的蛋糕份额轻而易举地分配利润（这里假设获得利润的每个人至少在公司里拥有名义上的所有权）。你可以随时改变分配方式，支付的报酬会随着蛋糕份额的变化而变化。

如果你想清算公司，或是将所有权转交给一个买家或者投资者，那么事情就有点复杂了。当创始人分享利润时，每个人的资本账户都会获得“信用度”，这种“信用度”最终会决定收益如何分配。只要你遵守规则，就没有问题。每个人的资本账户会如实地反映他所占的蛋糕份额。和你的律师好好谈谈这些事情是什么意思——其实，我自己也没完全弄清楚。

股份有限公司有些复杂，但不是不可能

如果你的创业公司在短期内需要大量投资，那么股份有限公司是个不错的选择。由于股份有限公司的股份更加结构

化，因此风险投资人和老成世故的天使投资人更愿意选择这种公司。

请记住，将有限责任公司转变为股份有限公司非常容易，但是，将股份有限公司转变为有限责任公司十分困难。因此，在起步阶段成立一家有限责任公司是十分明智的。

股份有限公司（S型或C型）面临的问题是，美国国税局总是假定公司采取的是在蛋糕烤好之前分蛋糕的“常规”方案，因为这是惯例。如果合伙人在蛋糕烤好之后获得股权（根据他们所占的蛋糕份额），那么美国国税局可能会争辩说这些股票本质上是酬金，即可纳税的常规收入。

为了避免该问题，股权应该在利润为零时就分配。不幸的是，这样做又回到了固定分配的老路上。

为了解决这个问题，你可以向合伙人发行适用于股份兑现和回购条款的限制性股票，这就反映了本书所阐述的概念。每位合伙人都需要向美国国税局申请83（b）选择权（美国的一种纳税政策条款），确保股票最终兑现时不会产生任何税款（你可以咨询你的律师）。

案例 ///

克林特和查克决定一起做生意。他们成立了一家C型股份有限公司，每人获得了1000股适用于股份兑现和回购条款的限制性股票，并且他们都向美国国税局申请了83（b）选择权。

第一个月后，克林特赚到了80%的蛋糕，而查克只有20%。克林特兑现了8股，查克兑现了2股，所以他们现在分别拥有80%和20%的股权。

	限制性股票	事先兑现	当前兑现	总计兑现	
克林特	1000	0	8	8	80%
查克	1000	0	2	2	20%
	2000	0	10	10	

接下来的一个月里，他们雇用了帕克，并发行了1000股适用于同样条款的限制性股票给他。帕克也申请了83（b）选择权。

在第二个月月末，克林特占有70%的蛋糕，查克占有20%，而帕克占有10%。可通过兑现股份使可行权股票比例与所占蛋糕比例保持一致：克林特又兑现了12股，查克又兑现了4股，而帕克兑现了3股。因此，在第二个月月末，克林特有20股可行权股票，查克有6股，帕克有3股。他们的可行权股票比例与他们所占的蛋糕比例相同。

	限制性股票	事先兑现	当前兑现	总计兑现	
克林特	1000	8	12	20	70%
查克	1000	2	4	6	20%
帕克	1000	0	3	3	10%
	3000	10	19	29	

每个人持有多少股票并不重要，重要的是他们兑现了多少比例的股份。每个阶段，你只需兑现相应的股份，以使每个人的所得与其所占的蛋糕份额相符。

又过了一个月，查克不想做下去了，他无故辞职了。根据合伙人基金的精神，他的股份适用于回购条款。他的股份被公司收回，而剩下的合伙人（克林特和帕克）成了大股东。

	限制性股票	事先兑现	当前兑现	总计兑现	
克林特	1000	20	0	20	87%
帕克	1000	3	0	3	13%
	2000	23	0	23	

剩下的股份反映了每个参与者的所有权比例。虽然两个合伙人都得到了更多的股份，但他们因为一个合伙人的离去遭遇了挫折，不得不艰难地重建公司。

一份合伙人基金模式的股份行权计划要比传统的股份行权计划复杂得多。在传统模式中，一定数量的股份会在某个特定时期或某起特定事件后得到兑现。在合伙人基金模式中，合同必须反映合伙人基金的条款。这并不是一个无法解决的法律难题。如果你的律师劝你不要采用合伙人基金，那你遇到的就是不能完全理解这一概念的人。去找一位支持这一理念的律师吧!

我可以给你介绍一位对合伙人基金持乐观态度的律师。我密切关注着那些接受合伙人基金概念的律师。他们中的一部分人甚至开始起草一些合伙人基金合同模板，我会把这些合同模板上传到我的网站上。

第十二章 让合伙人基金运作

好蛋糕的基本要素是公平。无论如何，人们都应当得到公平的待遇。贪婪，即不满足于得其应得，是公平的大敌。戈登·盖柯（Gordon Gekko，电影《华尔街》中的人物）的名言“贪婪是个好东西”并不适用于创业公司。

我的父母曾经告诉我生活是不公平的，这是事实。本书也难以撼动这个事实。但是，请注意，当你遭遇不公平的待遇时，你通常会对使你陷入这种境地的人怨恨不已。

你不会让这种人成为你的创业公司里的一员，因为这种关系难以修复。

为了让创业公司获得成功，你需要营造一种高度互信的氛围。领导者需要赢得并维护信任，否则公司将会陷入衰退，而成功只能凭运气。

要想让合伙人基金运作起来，你首先要跟大家分享规则，并且同意遵守规则。这时候，本书便能派上用场了。

如果你不赞同我制定的规则，那也没关系，你可以制定自己的规则。只要这些规则公平、公正，人人都同意遵守，你就有了运作合伙人基金的基础。

也许你认为，现金贡献换算成蛋糕的价值不应该是原价值的四倍。没问题，改变它。你只需确保不在游戏过程中改变规则就行了。本书中的规则是基于我个人的经验制定的，你的经验可能与我的不同。

总而言之，合伙人基金关乎你自己和你的创业合伙人。只有制定让大家都觉得舒服的规则，团队才能在共识下融洽合作。合伙人基金本身是一种哲学。有时候，你不得不去思考和探讨什么才是你认为的对和错。一定要在问题产生前探讨和思考。

真正的危险是根本没有规则，或者没有事先制定规则。尽管创业公司变化万千，但并不是所有事物都要迅速地随之变化。如果你必须改变一项规则，那你一定要让每个合伙人都参与其中。不要轻易做出改变，糟糕的改变可能会害了优秀的合伙人团队。

我能做什么

我的职责是确保所有企业家都能劳有所得。直到所有创业公司都在应用类似合伙人基金的动态股权分配制度，我的工作才算完成。

当你对自己的合伙人基金心存疑惑时，我很乐意帮你弄清楚什么才是“切蛋糕”过程中的正确决定。有什么困难就告诉我。

如果你是商业孵化器、加速器或其他具备创业精神的组织中的一员，那么我很乐意为你的团队举办一场研讨会或在线研讨会。我很乐意尽我所能去帮助创业公司，并且传播这一概念。

你能做什么

许多企业家都像你一样，他们不知道该如何回报自己的团队。如果你非常喜欢这本书，那么请你一定在网络上发条评论，或者发邮件、发推特、发博客，或者以其他任何方式与大家分享你的感受。我和读到你的心得分享的企业家们都会十分感激!

当然，我也会根据读者的反馈不定期地修订这本书。如果你对如何改进本书内容的质量有独到见解，请告诉我。例如，作为对读者评论的直接回应，本书增添了关于将原有的股权分配模式升级为合伙人基金模式以及合法化的章节。

当你运用合伙人基金时，你正在给你的团队和你自己创造公平的环境。请牢记，公平是一种乐趣。所以，尽情享受吧！祝你早日实现梦想，取得成功。

第十三章 合伙人基金应用案例

下面的案例研究将有助于你弄明白合伙人基金在实际中是如何应用的。

所有事例和案例都是虚构的（就像大部分财务分析案例一样）。我还将设计更多的虚构案例，并把它们上传到SlicingPie.com上，你随时可以把你的问题和故事发送给我。

约翰的自行车小屋，有限责任公司

约翰喜欢自行车，想为人们提供自行车修理服务。他把这个想法告诉了他的朋友迈克，他们决定在他们的地下室开一家名叫“约翰的自行车小屋”的修车铺，并使用合伙人基金来分配蛋糕。

他们之前做过的唯一的工作是在当地的一家乡村俱乐部里洗盘子。约翰比迈克干的时间长，他每小时能挣10美元，而迈克每小时只能挣9美元。

他们决定由约翰来担任公司总裁，因为这个主意是他想到的，而且他有比较丰富的修车经验。

约翰准备了一个修理台和一套工作所需的工具。

在接下来的一个月里，约翰负责修车，迈克负责促成生意，他们都工作了100个小时。迈克花费了1000美元为公司印制传单和做广告，还将自家的快餐带到修车铺，这些快餐总计100美元。他没想过报销这部分花费。

在运用合伙人基金时，第一步是要计算出约翰和迈克的小时工资率（GHRR）。因为他们之前都是小时工，所以只需将他们之前的时薪翻倍就能得到他们的小时工资率。因此，约翰的小时工资率是20美元，迈克的小时工资率是18美元。但是，约翰和迈克都是聪明人，他们意识到，修车不像洗盘子，他们能优势互补。所以，他们一致认为应该设定相等的小时工资率，即每小时20美元。在合伙人基金中，你无须斤斤计较，因为合伙人自己能达成共识。

接下来，他们需要把约翰的设备投资计算在内。因为这些设备确保了公司运转，所以它们应当具有理论价值。这套设备并不是约翰特意为公司购买的，所以他们在eBay上找了一套相似的设备，发现其价格为1000美元。因此，这套公司运转必需的设备的理论价值是1000美元。

迈克也为公司做出了贡献，印制传单花了他1000美元，自带的快餐花了他100美元。

这些自带的快餐是方便公司运转的物资，而非公司运转的必需物资，因此不应当被赋予价值。有它们确实很好，但它们不是关键。另一方面，印制传单的费用属于公司的支出，迈克没想过报销这部分花费。这部分贡献的理论价值是印制传单花费的现金数额的四倍。

因此，在第一个月月末，约翰分得33%的蛋糕，而迈克分得67%。

	约翰	迈克	
时间	2000	2000	
设备	1000		
现金（乘以4）		4000	总计
	3000美元	6000美元	9000美元
	33%	67%	100%

在上述例子中，合伙人基金模式适当地把蛋糕分给了两个合伙人。在接下来的一个月里，合伙人的贡献发生了变化。

迈克新交了一个女朋友安妮，他在她身上花费了大量的时间。在接下来的这个月里，他只用了50个小时来促成生意，并且在做广告上一分钱都没花。而约翰在修车和促成生意上各投入了75个小时，还花了500美元做广告。

到第二个月月末，约翰总共贡献了250个小时、1000美元的必需设备和500美元的广告费，他的理论价值总和增长至8000美元。迈克总共贡献了150个小时和1000美元的广告费，他的理论价值总和增长至7000美元。在第二个月月末，约翰分得53%的蛋糕，而迈克分得47%。

	约翰	迈克	
时间	5000	3000	
设备	1000		
现金（乘以4）	2000	4000	总计
	8000美元	7000美元	15,000美元
	53%	47%	100%

你会发现，约翰分得的蛋糕反映了他为公司所做的贡献。如果约翰和迈克在一开始只是简单地对半分，那么毫无疑问，他们之间一定会产生埋怨。在这个模式中，基于两个合伙人的个人选择做出的分配是公平的。

迈克继续把大量的时间用在正谈得火热的女朋友身上，而不是用在生意上，因此他们决定让第三个合伙人萨姆加入。萨姆曾多年经营一家自行车店，他的经验对公司大有裨益。

萨姆在自行车店的薪水是每年5万美元。萨姆接受了合伙人基金模式，并且开始了工作。在接下来的一个月里，迈克用了20个小时来促成生意，约翰在店里工作了150个小时，萨姆在店里工作了25个小时，还用了25个小时来招揽老顾客和促成生意。

在合伙人基金模式下，萨姆可以得到相应的权益，并且能够分得蛋糕。由于他的年薪是5万美元，因此他的小时工资率是50美元。考虑到萨姆有比他们多得多的经验，约翰和迈克认为这样做是公平的。在第三个月月末，蛋糕的分配方式如下：

	约翰	迈克	萨姆	
时间	8000	3400	2500	
设备	1000			
现金（乘以4）	2000	4000		总计
	11,000美元	7400美元	2500美元	20,900美元
	53%	35%	12%	100%

在吸纳另外的合伙人入伙时，合伙人基金提供了一种公平公正、一致连贯的股权分配方式。理论价值增长了，所有合伙人都获得了公平的蛋糕份额。

剔除合伙人

在上述例子中，迈克所做的贡献逐渐减少，这可能意味着他要出局了。在早期阶段，不顾迈克贡献的大小而保留其所得的蛋糕份额是不现实的。投资者不希望看到缺位持股人。

既然迈克为公司做出过贡献，这个问题就不应该被忽视。显然，年轻的公司有很长的路要走，除非迈克坚持下去，否则他就没有资格获益。迈克可以选择三种离职方案，每种方案都需要仔细斟酌，以保证他得到公平的对待。这三种方案分别是：

1. 迈克退出，也可以称作无故辞职；

2. 迈克被“排挤出局”，也可以称作正当辞职或无故被辞退；

3. 迈克被解雇，也可以称作因故被辞退。

创办一家新公司充满了不确定性，合伙人的责任心是十分重要的，三心二意对公司造成的伤害难以修复。事先对这种情况有个预期和理解，能够帮助你在前进过程中不断地往成功的路上调整方向，避免伤和气。

无故辞职

如果迈克由于个人原因退出，也就是无故辞职，那么他将不得不接受股权份额的减少，并且给予公司股权回购的机会。如果公司无力回购股权，那么迈克离职后的合伙人基金如下：

	约翰	迈克	萨姆	
时间	8000		2500	
设备	1000			
现金（乘以4）	2000	1000		总计
	11,000美元	1000美元	2500美元	14,500美元
	76%	7%	17%	100%

合伙人基金模式公平地重新调整了股权份额。迈克现在每小时获得0美元而不是20美元，他的现金贡献也不会再以四倍计算。

请注意，理论价值总和从之前的20,900美元跌至14,500美元。这完全没问题。要记住，公司还不具有实际价值，因此这个数字只不过是用来明确合伙人所占的蛋糕份额的。这个数字具体是多少无关紧要，只要它能帮助我们记录投入就行。

约翰和萨姆现在都获得了更多的蛋糕份额，但这并不意味着他们比之前拥有的更多。他们失去了迈克，可能得找一个新人加入。

迈克也不应该有所不满，公司并非仅为他存在。他仍然拥有一部分蛋糕，但公司可以买回来。请记住，我们并不是在处理具有实际价值的真正的股票，这一点非常重要。当我说“回购”时，我指的是公司要偿还迈克现金。请记住，蛋糕的份额只是公司创始人关于在未来某个时间点提供相应股权的个人承诺，除此之外，它什么都不是。

作为创始人，如果约翰不想分给迈克蛋糕，那他有多种选择。首先，他可以开除迈克，并且违背自己的承诺。这种情况虽然经常发生，但并不公平。

约翰还可以自己拿出1000美元，作为对迈克付出的补偿。这样做，约翰就会以四倍的回报率获得迈克的蛋糕。

或者，如果公司有1000美元，那他们可以从公司账户中支钱来偿付。

无论采用后两种方法的哪一种，迈克都应该感到高兴，因为它们都是公平的。

无故被辞退或正当辞职

假设迈克喜欢这项事业，但他不能付出足够多的时间，而他缺少付出的行为让约翰和萨姆很不爽。

约翰和萨姆可以直截了当地要求他离开。他做了他该做的，他帮助他们成立了公司，但他们需要一个更靠谱的人。仅此而已。

在这种情况下，无论是回购股权，还是允许迈克保留可回购的股权，对公司来说都是公平的。

如果公司选择回购，那么迈克有权得到他分得的蛋糕的理论价值。

需要注意的是，这个选择代价高昂。他们必须拿出4000美元来偿付迈克所投入的1000美元。这很公平。迈克并没有做错什么，只是其他合伙人想把他换掉而已。他们想换人，这没问题，但他们不能无端侵犯迈克的权益。

这种协议给合伙人提供了一点工作保障，因为合伙人团队需要思前想后，才会让某人无故被辞退。

同样，如果约翰和萨姆告诉迈克，他不会得到和以前一样多的薪酬，或是他们告诉迈克，他不再负责市场营销，那么迈克就能以正当理由辞职，并且获得与无故被辞退同等的利益。

因故被辞退

如果迈克在反复提醒下仍未能履行某些职责，那么约翰有理由解雇他。这种情况属于因故被辞退，迈克无权获得蛋糕。

这样一来，迈克就会失去所有通过工时换来的蛋糕份额，以及他本该在蛋糕中得到的所有未支付的酬劳。

迈克投入的现金也将被重新计算，以匹配现金原有的实际价值，即不会再乘以倍数。公司无须进行偿付，但会在恰当的时机发行股票。如果发行了股票，那么应该像前文所述，设定一年的保护期限。

约翰的自行车小屋幸免于难

正如你所见，因为约翰的自行车小屋运用了合伙人基金，所以蛋糕会随着公司的变化得到相应的调整，而且不同方案的结果也一目了然。

在上述所有方案中，迈克始终被公平对待，他得到了他应得的。因为他既是朋友又是创业合伙人，所以无论如何，他都应该得到公平的对待。

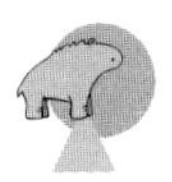 PhoneMatcherator.com，有限责任公司

萨莉是一位成功的女商人，她通过向其他成功商人出售直升机发家致富。互联网泡沫时期，她曾在一家在线销售手机的网络公司担任过不长时间的首席执行官，并且干得相当不错。当她重新回来做直升机业务后，她想到了一个创意。这个创意就是，通过人们对一些问题的回答，为他们匹配最适合自己的手机。尽管这个想法严格来说并不是那么新颖，但萨莉认为，这是个独创的好点子，并且跃跃欲试。

萨莉用幻灯片简要阐述了自己的创意，然后跟弗兰克分享了它。弗兰克是一位资深企业家，他在经营网络公司方面有着丰富的经验。尽管弗兰克开办了多家科技公司，但他还是没有萨莉有钱。只要萨莉想，她随时可以退休。

弗兰克跟萨莉说，他很乐意帮助她创立公司，但他并没有太多积蓄，因此希望除了分得股权，还能得到一份薪水。萨莉同意了，付给他10万美元年薪（等于他之前职务薪水的一半），外加五年内10%的股票行权。

萨莉要求弗兰克除了签订雇佣合同，还要签订一份竞业

禁止协议和一份保密协议。雇佣合同中规定，如果弗兰克被开除出公司，那么他将会得到遣散费以及股票行权补偿。

萨莉同样拿10万美元的年薪，但她选择让钱留在公司里而非直接获得这份报酬。她经常提醒其他成员，她并没有得到实际的报酬——她希望以此来激励他们（但不起作用）。

在接下来的几个月里，弗兰克每周都工作60～70个小时，为了离办公地点近一点，他还特意搬了家。萨莉则兼职工作，并且自掏腰包投资了25万美元。弗兰克与萨莉一起思索创意，撰写商业计划书和软件规格说明，雇用员工，并且实施管理。

萨莉在律师和会计师身上花了不少钱，以确保所有合同万无一失，以免遭受损失。然而，从很大程度上来说，这正是萨莉的愚蠢之处。萨莉建立的是冰冷的合同，而非充满信任的创业氛围。

在弗兰克的管理下，公司成功地在预定时间实现了网站上线，并且花费没有超出预算。萨莉对弗兰克非常满意，给了他许多积极的反馈，并且在大部分业务的执行上听凭弗兰克的意见，而她自己主要负责决策。他们是一个很棒的团队，建立了一家不错的公司。

在接下来的两年里，PhoneMatcherator.com稳步发展。但萨莉感到沮丧，因为她觉得公司的表现不如她在互联网泡沫时期经营的那家网络公司。她没有意识到时代变了，她的公司不是唯一的在线销售手机的公司，如今有成百上千的经销商。

更糟的是，一家竞争公司在他们公司成立不久后迅速上线，并且渐渐迎头赶上了PhoneMatcherator.com。

萨莉仍然在销售直升机。她开始担心公司不会像她期望的那样一夜成功，在一时冲动之下，她无端解雇了弗兰克。弗兰克震惊了，因为萨莉对他的评价极高，并且他完全信任萨莉。萨莉没有过多地解释自己的行为，只是称自己对弗兰克的能力“失去了信心”。

根据弗兰克的雇佣合同中的条款，他有权获得遣散费并兑现股票行权。萨莉扣留了遣散费，并利用公司经营协议中的漏洞，将弗兰克在过去两年里所赚取的股权份额全部独吞，其中还包括雇佣合同中承诺的行权份额，弗兰克一无所有了。在迫使他签下一份语焉不详、令人郁闷的离职协议后，萨莉向他支付了拖欠的遣散费。

在接下来的几个月里，公司的发展趋于停滞。他们用公司的启动资金硬撑门面，部分员工因为想念弗兰克，失去了工作激情。在看到萨莉如何对待弗兰克这个忠诚的员工后，他们都开始另谋出路，因为他们担心自己也会遭遇和弗兰克一样的命运。

当萨莉雇用了新人休来接替弗兰克的位置时，她同样让休签订了许多合同。休发现萨莉并没有履行与弗兰克的合同，所以她不相信萨莉签订的东西。她和萨莉不得不制订更严谨的合同来消除漏洞。这样做既耗时又耗钱。

当休开始工作时，整个团队都听说公司为了让她加入做了大量的法律工作，他们埋怨她耗费了公司大量的时间和金钱。总之，他们已经变得很脆弱了。他们对弗兰克的想念也使休的工作举步维艰。

上述案例说明了企业家不使用合伙人基金会出现什么状况。萨莉犯了许多严重的错误。第一个错误是她在投资前没有洞悉商机。她以为公司会大受欢迎，就像她在互联网泡沫时代经营的公司一样。萨莉本质上是一位直升机销售人员。她很清楚这一点，所以她雇用弗兰克来做大部分工作。

接下来，萨莉所犯的错误是试图提前把蛋糕分好。她拿出10%的份额分配给弗兰克，并提供给他仅为其之前薪水一半的年薪。在看到萨莉的财富和过去的成绩时，弗兰克认为她知道自己在做什么。而且，她还是一位出色的销售人员，这让弗兰克无比信任。能取得合伙人的信任很好，本应如此，但利用他们就不应该了。

萨莉总是拖欠工资，并且经常在团队的其他成员面前谈论自己做了多少牺牲。她觉得，成员们在知道她和团队共担了多少风险后，会更努力地工作。但是，由于她没有公平地分配股权，而且独吞了大部分股份，因此所有人都认为她很卑鄙。毕竟，她所积累的财富足够她退休后享用了，而且她仍在从事直升机销售业务。

弗兰克的工作做得不能再好了。他严守时间，尽职尽责。萨莉非常感谢弗兰克，也向他表达了感激——这是对待一位出色员工的正确态度。但萨莉临阵退缩了。她高估了市场形势。时代不同了，尽管弗兰克做了最大的努力，但公司的运营情况远没有达到萨莉不切实际的预期。她惊慌失措，让弗兰克背了黑锅。

她违背合约，炒掉了弗兰克。她甚至没有事先表达自己的忧虑，也没有给弗兰克一个调整的机会，就背弃了他。弗兰克一直在按照萨莉的要求工作，而且做得很认真。他理应得到提醒。接下来，萨莉收回了弗兰克公平地赚取的股权。因为弗兰克是无端被解雇的，所以他在这件事情上别无选择，只能期望保留他应得的份额。然而，萨莉完全不理解蛋糕会增长，她认为蛋糕是有限的，她需要收回弗兰克的份额，以便提供给下一位受害者。如果不这样做，她就要放弃自己的（贪婪）或者摊薄其他参与者的所得，在这种情况下，这是公平的。

最后，萨莉迫使弗兰克签订压制性的竞业禁止协议。在以正当理由解雇员工或员工无故辞职的情况下，签订竞业禁止协议是比较合适的。公司不应当为员工离开并且建立或加入一家有竞争性的公司提供动机。

但是，在员工以正当理由辞职或无端解雇员工的情况下，不应当签订竞业禁止协议。离职的人不得不寻找新的工作，他们不应当被竞业禁止协议束缚，尤其是当公司所处的行业正好是他们接触最多的行业时。

如果你决定无故剔除某人，那你就要接受这样做的后果。就像我之前所说，你不能只顾自己的那份蛋糕。竞业禁止协议在今天不足为奇，在很大程度上也不存在强制性。但是，公司使用它并不代表它是正确的。只有在特定的情况下，竞业禁止协议才是公平的。

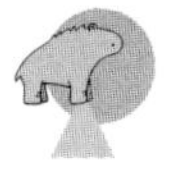

修正后的PhoneMatcherator.com，有限责任公司

让我们看一下，如果萨莉运用合伙人基金，那么同样的故事将会如何发展：

弗兰克和萨莉决定运用合伙人基金来启动公司。

他们决定付给弗兰克10万美元年薪，并运用如下计算方式得出弗兰克的小时工资率，即每小时100美元。

基础工资	200,000美元
减去已支付的现金	100,000美元
乘以2	200,000美元
除以2000	100美元

在运用合伙人基金的情况下，公司有权在员工无端被解雇或以正当理由辞职的情况下回购相应的股权。萨莉同意用遣散费来回购弗兰克通过工时挣得的股权。弗兰克也明白，如果他无故辞职或以正当理由被炒鱿鱼，那么他将失去股权。

萨莉同样拿20万美元的薪水，但与现金相比，她更乐于接受蛋糕，她的小时工资率为每小时200美元。

基础工资	200,000美元
减去已支付的现金	
乘以2	400,000美元
除以2000	200美元

她开始担心公司不会像她期望的那样一夜成功，一时冲动之下，她无端解雇了弗兰克。弗兰克震惊了。

但由于弗兰克是无端被解雇的，所以他能够保留自己挣得的蛋糕。萨莉按照他们之前的约定，用公司的现金回购了部分份额，但弗兰克得到了公平的对待，公司的其他成员对此都十分清楚。

萨莉找到瑞安来代替弗兰克。瑞安立即加入合伙人基金，整个团队也团结在他周围，因为大家相信萨莉的判断，公司仍然充满干劲。

PhoneMatcherator.com 幸免于难

通过运用合伙人基金，萨莉省却了昂贵的律师费和会计师费，把注意力完全放在了公司运营上。她和弗兰克之间建立了真诚的关系，彼此信任。

萨莉仍会临阵退缩，但合伙人基金让她改变了想法，她公平地解雇了弗兰克。其他员工也了解到合伙人基金的规则，看到一切事情都是公平合理的。当瑞安入伙时，他也能够在彼此信任的氛围中立即投入工作。

 鲨鱼湖风险投资，有限责任公司

商业孵化器和加速器似乎正呈现爆炸式增长。本质上，它们能让年纪稍长的资深企业家挖掘缺乏经验并急需帮助的年轻企业家的激情和能量。当然，大多数商业孵化器不会这样总结自己的商业愿景，但在一个旁观者看来，事情就是这样的，我认为这很棒。当我还是一个刚刚崭露头角的企业家时，我曾想要改变整个世界。如果那时我有一些办公空间，有畅通的网络，有一些能动用的现金，还有一点前辈给的忠告，那该有多好。

现在，我自己也熬成了前辈，我发现我在用大量时间给年轻企业家提供建议（有时也投资）。尽管我得到了满足（这使我感到很有意义），但我也要挣钱啊！合伙人基金为导师和顾问提供了一个渠道，让他们能够从为创业公司花费的时间中获利。

鲨鱼湖风险投资有限责任公司既是一家咨询公司，又是一个商业孵化器。该公司运用合伙人基金，以极低的服务费用向处于早期阶段的创业公司提供帮助，以此换取蛋糕份额。

此外，由公司名下的专业人士（导师合伙人）组成的团队也把大量时间投入创业投资组合公司，提供建议或者参与项目，并以此换取蛋糕。

你或许能想象到，有这么多形形色色的人参与项目，事情一定会变得超复杂。更何况没人会心甘情愿地把股权分给任何一个只提供了些许建议的人。

正是出于这个原因，鲨鱼湖建立了一个合伙人基金来持有通过各种贡献赚得的蛋糕，无论个人贡献者为哪些公司出过力。

这就好像是一个合伙人基金从其他合伙人基金中获取蛋糕。通过这种方式，当商业孵化器扶持的任何一家创业公司进行清算时，这个商业孵化器的每一个参与者都能获益，即使他们并没有在这家赚钱的公司投入过多时间。（请在此处跟上我的思路……）

一个商业孵化器的目标是刺激个人投入时间去帮助所有投资的项目。如果一个人零敲碎打地在许多公司都投入了时间，那他所得的蛋糕肯定会小到毫无意义。

而且，在分配真正的股权的时候，没有公司愿意把份额分配给那些缺位持股人，因为他们在项目上投入的时间很少。

合伙人基金解决了这两个难题。它的运作方式如下：

第一步：公司建立自己的合伙人基金，由鲨鱼湖来掌控旗下所有顾问和导师在该基金中赚取的蛋糕。

比方说，鲨鱼湖投资一家名叫Bug Supper的公司，这家公司从事漏洞跟踪软件的开发。当Bug Supper公司的创始人及其团队为公司打拼时，他们每个人都在Bug Supper公司的合伙人基金中赚取了蛋糕。此外，当鲨鱼湖向Bug Supper公司提供办公空间、IT支持、办公物资和其他物品时，鲨鱼湖同样在该公司的合伙人基金中赚取了蛋糕。

但是，鲨鱼湖的导师和顾问在Bug Supper公司投入的时间产生的报酬流入另外一个合伙人基金，它掌控着从Bug Supper公司的合伙人基金中获取的蛋糕。它可以被看作一种“共享型”合伙人基金。

第二步：鲨鱼湖的顾问和导师记录自己为创业公司投入的时间，但在共享型合伙人基金中获取蛋糕。

当核心团队之外的某人花时间去提供建议、引导发展、做顾问或者做其他相关工作时，他所用的时间既体现在Bug Supper公司的合伙人基金中，又体现在共享型合伙人基金中。

比方说，约翰以每小时200美元的小时工资率为Bug Supper团队工作了10个小时。共享型合伙人基金在蛋糕中赚取了2000美元的理论价值。那么，约翰在共享型合伙人基金中赚得的理论价值就是2000美元。

随着时间的推移，许多人在鲨鱼湖风险投资公司走走留留，提供了各种各样的好建议。他们开设了五家新公司，每一家都有自己的合伙人基金。人们在各种项目上投入的时间创造了一个价值10万美元的共享型合伙人基金。约翰在各种项目上投入的时间超过100个小时，他在共享型合伙人基金中赚得25,000美元的理论价值，或者说是总蛋糕的四分之一。但是，他在Bug Supper公司只投入了10个小时。其他人投入了更多的时间，因此，所有人为共享型合伙人基金赚得的总蛋糕相当于Bug Supper公司的合伙人基金蛋糕的20%。

通过资金投入、租赁和物资供应等手段，鲨鱼湖在Bug Supper公司的蛋糕中还另外分得20%的份额。

第三步：当发生清算时，共享型合伙人基金中的成员所得等于他们赚得的蛋糕份额。

某一天，Bug Supper公司被竞争对手以100万美元的价格收购了。大家兴奋极了。因为收购用的是现金，所以股东退出公司时拿到的是现金。具体分配方法如下：

参与者	蛋糕	美元
Bug Supper团队	60%	600,000
鲨鱼湖	20%	200,000
共享型合伙人基金	20%	200,000

由于约翰在共享型合伙人基金中享有25%的份额，所以他得到了5万美元现金。同样，其他参与者也获得了各自应得的份额。

事实上，约翰得到的钱远多于直接从Bug Supper公司的合伙人基金中赚取蛋糕所得的收益。但他在鲨鱼湖投资的其他创业公司里付出了大量时间，这些公司有朝一日可能会获利，这样一来，鲨鱼湖的其他人也会受益于他的辛苦工作。

Bug Supper公司喜欢这一概念，因为他们能得到来自很多人的各种各样的帮助，但他们也不想把小额股份分给太多人。所以，买家上门时，会发现这是一块完整的蛋糕和一笔轻松的交易。

鲨鱼湖会时不时地建立新的共享型合伙人基金来持有从新公司获取的蛋糕。当共享型合伙人基金只持有为数不多的几家公司的蛋糕时，它的运转效果是最佳的。记住，当蛋糕过大时，增加时间投入并不能为个人带来多少收益，而增加时间投入的积极性也会大打折扣。

鲨鱼湖也运用这种共享型合伙人基金模式来管理小额现金投资。投资者从共享型合伙人基金中赚取蛋糕，而共享型合伙人基金从公司合伙人基金中赚取蛋糕，并在公司合伙人基金分配现金时，拿到与蛋糕份额等值的现金。这为创业公司提供了一种众包模式。

并不是每个人都会参与到共享型合伙人基金中。有时候，人们在一个项目上投入的时间足以让他们成为核心团队的一员。在这种情况下，他们得到的是创业公司的蛋糕份额，而不是共享型合伙人基金的蛋糕份额。当他们离开共享型合伙人基金时，本质上他们属于无故辞职，会得到相应的待遇（参照上文）。他们在共享型合伙人基金中没有得到补偿的时间将会在公司合伙人基金中得到补偿。

某些人不参与到共享型合伙人基金中，是因为他们能够获取其他价值，比如潜在客户。或是他们贡献的时间微不足道，不值得记录。

在鲨鱼湖，每个人都很开心，因为有一种公平合理且便于管理的机制能让大家有所付出。

大部分情况下，孵化器和加速器都以非营利组织的性质运营。如果它们孵化的是非营利公司，那没问题，但它们孵化的大部分都不是。大部分被孵化或加速的公司都想占有全世界，而帮助过他们的人都应该在之后的回报中分一杯羹。

通过向热情高涨的企业家提供稳定的工作环境，使专家能够从自己的投入中获益，鲨鱼湖逐渐发展壮大。

附录：术语表

胖合伙人（Fat Grunt）：相对于其他参与者，得到的股权份额比应得的多的合伙人。

创业合伙人（Grunt）：任劳任怨地承担公司起步并做大的一切事务的合伙人。

合伙人资源小时成本（Grunt Hourly Resource Rate/GHRR）：也称为合伙人的小时工资率，即合伙人的时间的相对理论价值。它不是一个实际价值，只是用于计算个人应分得的蛋糕份额。

蛋糕（Pie）：公司的股权或发行实际股票的一份承诺。运用蛋糕并非意味着公司一定要授予实际股票。

瘦合伙人（Skinny Grunt）：相对于其他参与者，得到的股权份额比应得的少的合伙人。

理论基础值（Theoretical Base Value/TBV）：运用合伙人基金的前提是创业公司不具有实际价值，以理论价值来理解个人贡献的相对重要性。理论基础值是所有参与者的所有贡献的理论价值总和，用于计算个人应分得的蛋糕份额。

资金井（Well）：合伙人基金的一种融资工具，投资者以借贷的方式提供现金，投入运营的现金以四倍的回报率转化为股权。

图书在版编目（CIP）数据

切蛋糕：创业公司动态股权分配全案 /（美）莫耶（Moyer，M.）著；王闻，李筱莹，常逸昆译. —北京：民主与建设出版社，2016.4

书名原文：Slicing Pie：Funding Your Company Without Funds

ISBN 978-7-5139-1045-3

Ⅰ. ①切… Ⅱ. ①莫… ②王… ③李… ④常… Ⅲ.①公司—股权—分配（经济）Ⅳ. ①F276.6

中国版本图书馆CIP数据核字（2016）第 061451号

著作权合同登记号：图字01-2016-0569

切蛋糕：创业公司动态股权分配全案

QIE DANGAO：CHUANGYE GONGSI DONGTAI GUQUAN FENPEI QUANAN

出 版 人　许久文
著　　者　[美] 迈克 · 莫耶
译　　者　王　闻　李筱莹　常逸昆
责任编辑　王　颂
监　　制　于向勇　马占国
策划编辑　袁开春
特约编辑　郑　荃　康晓硕
版权支持　辛　艳
营销编辑　刘晓晨　刘　健
版式设计　李　洁
封面设计　仙　境
出版发行　民主与建设出版社有限责任公司
电　　话　（010）59419778　59417747
社　　址　北京市朝阳区阜通东大街融科望京中心B座601室
邮　　编　100102
印　　刷　北京天宇万达印刷有限公司
开　　本　875mm × 1270mm　1/32
印　　张　7
字　　数　140千字
版　　次　2016年5月第1版　2016年5月第1次印刷
书　　号　ISBN 978-7-5139-1045-3
定　　价　45.00元

注：如有印、装质量问题，请与出版社联系。